ちくま新書

情報公開が社会を変える

——調査報道記者の公文書道

日野行介
Hino Kousuke

1761

情報公開が社会を変える

——調査報道記者の公文書道【目次】

はじめに

二〇二二年一〇月下旬、私の元に分厚い冊子が届いた。送り主は茨城県つくば市に住む大石光伸《みつのぶ》さん。日本原子力発電東海第二原発（茨城県東海村）の運転差し止めを求める民事訴訟の原告団共同代表だ。冊子は直前にあった原告団の総会で配られた議案書の資料編だった。「なぜ私に送ってくれたのだろう？」と、少し訝《いぶか》しく思いながらページをめくっていくと、そこには東海第二原発の避難計画に関する非公開の資料を原告たち自身が情報公開請求していった経緯が書かれていた。それは私が原告団に勧めたことだった。

水戸地裁は二〇二一年三月、避難計画の不備を理由に同原発の運転差し止めを命じる判決を下した。原発避難計画を理由とする初の住民勝訴判決だったが、約八〇〇ページに及ぶ長大な判決文を読んでみると、防災対象範囲とされる原発三〇キロ圏内の一四市町村のうち九市町村が避難計画を未策定であること以外、避難計画を「不備」と判断した理由が見当たらない。要は避難計画の中身にはほとんど触れていなかった。

まったくの偶然だったが、私は水戸地裁判決の二カ月ほど前から、原発避難計画がいかにハリボテかを暴露する調査報道を毎日新聞紙上で展開していた。避難計画の策定はまず、茨城県が三〇キロ圏外の市町村にある学校体育館など避難所の面積を調べることから始まった。その後、「一人あたり専有面積二平方メートル」の基準に沿って、避難所面積を二で割って避難先市町村ごとの収容（可能）人数を割り出し、三〇キロ圏内の全住民が避難所に入れるよう避難元市町村にあてがっていく（この作業は「マッチング」と呼ばれている）。ところで、東海第二原発は三〇キロ圏内の人口が国内の原発で最多の九四万人（当時）で、実効性ある避難計画の策定が当初から疑問視されていた。それでも二〇一八年までに避難元（三〇キロ圏内）の一四市町村が避難先（三〇キロ圏外）の計一三一市町村（茨城のほか近隣の福島、栃木、群馬、千葉、埼玉の六県）と避難協定の締結を終え、九四万人の収容先は確保された、はずだった。

しかし私が同僚記者とともに、茨城県が二回にわたって密かに実施した面積調査の資料を情報公開請求で入手して分析したところ、茨城県内の避難先（三〇キロ圏外）の三〇市町村の実に半分にあたる一五市町村で、トイレや玄関といった避難生活に使えないスペースも含む建物総面積をもとに収容人数を過大算定していたことが判明した。その中には予定していた避難者数を収容できない避難所不足に陥っていた市町村もあった。しかも報道した時点で二回目の調査から二年以上が過ぎていたが、茨城県は問題を一切公表していなかった。そこから感じ取れるのは実効性ある計画を作ろうという姿勢ではない。「ハリボテ」でいいからとにかく作ってしまえという、国策への盲従しか見えない。その先にあるのは原発再稼動だ。

敗訴した日本原子力発電はすぐに控訴し、闘いの舞台は二審・東京高裁に移った。それから二ヵ月後、原告団から私の元に講演の依頼が舞い込んだ。「東海第二の避難計画の中身を調べる方法を教えてほしい」という。

私は二〇二一年六月二日、大石さんが以前に専務理事を務めていた常総生活協同組合（茨城県守谷市）を訪れた。事務所の二階にある会議室に入ると、すでに四〇人ほどの男女が席に着き、私を待ってくれていた。二審で勝つための材料を少しでも得ようとする熱意がひしひしと伝わってきた。

大石さんは筑波大学で地球科学と経済学を学び、「生活や地域の暮らしに根ざした仕事がしたい」と常総生協の職員となった。一九八八年には福島県川俣町の酪農家と協同で山の斜面に牛を放牧する自然循環を基本とする牧場開拓を始めた。ところが、周囲の国有林を購入して開拓地を広げていた二〇一一年三月一一日、福島第一原発事故が起きた。牧場のある川俣町山木屋地区にも高濃度の放射能が降り注ぎ、避難指示区域となった。乳牛たちを殺処分するしかなかった。牧場があった場所は高さ二メートルを超える雑草が生い茂り、建物も見えなくなるほど変わり果てている。大石さんは「東海第二で事故が起きたらこうなってしまうと考えました。人生も、家族も、仕事も、暮らしも奪います。そしてもう取り返すことはできません」と熱く語った。

大石さんによると、結果的に勝訴にこぎつけたものの、一審段階では避難計画の中身について調査が追いついておらず、結審（二〇二〇年七月）の直前になって地裁から大量の証拠提出を求められる一幕もあったという。大石さんは「おそらく水戸地裁は避難計画の不備を理由に差し止めを命じる考えを早い段階で固めていたのだと思います。こちらでもっと調査・分析をしていれば、より具体的な認定を得られていたのに、と今は反省しています」と、率直に打ち明けた。

原発避難計画をめぐる最大の論点は「実効性の有無」とされている。簡単に言うと、福島のような過酷事故がまた起きた時、計画通りに住民が避難できるのか、ということになろうか。しかし原発避難計画は、原子力規制委員会が再稼働の可否を判断する安全審査の対象外で、策定の根拠資料はほとんど公表されていない。つまり外部からは実効性の有無を検証できない。私の調査報道は、実効性の有無を検証されないよう役所が意図的に策定プロセスを伏せている実態を暴いたものだった。

講演の中で私はこれまでの取材経過を説明したうえで、計画策定に関する情報がすべて集まる非公開の会議と調査の資料を情報公開請求するよう勧めた。講演後の質疑応答では次々と鋭い質問が飛び出した。

「三〇キロ圏全住民の避難先確保を義務付ける法的根拠はありますか？」

「国と自治体が非公開でやっている会議の議事録はどうすれば手に入りますか？」

「情報公開請求は弁護士や議員、新聞記者じゃなくてもできるのでしょうか？」

二審でも絶対に勝つ、という強い意志を感じ、私が知っている限りのことを答えた。だが一方で、「本当に請求するのだろうか？」といういくばくの疑念を内心抱いていた。これまでにも新聞やテレビの記者たちをはじめ、多くの人々に意思決定過程を記録した公文書を情報公開請求するよう勧めてきた。だが、私の説明が拙かったのかもしれないが、芳しい成果はなく、「伝えても意味がないのではないか」と自信を失いかけていたからだ。

だが、講演から約一年半後、大石さんが送ってくれた原告団の冊子には、茨城県原子力安全対策課が市町村の担当者を集めて密かに行っている勉強会の議事録と配布資料を情報公開請求したことが紹介されていた。実は私も一年半ほど前に同じ文書を情報公開請求していたが、「公にすると率直な意見交換を不当に妨げる恐れがある」として不開示決定を受けた。その後審査請求したところ、茨城県情報公開・個人情報保護審査会が私の主張を認めて不開示決定の取り消しを求める答申を出してくれた。原告団は私のツイッターをきっかけに、公表された情報公開審査会の答申を読み、同じ文書を情報公開請求していたのだ。

また茨城県の勉強会だけではなく、国（内閣府原子力防災担当）が主催する「東海第二地域原子力防災協議会作業部会」についても、原告団と一部メンバーが重なる茨城県内の別団体で配布資料と市町村の担当者が上司に提出した会議報告書（復命書）を各市町村に情報公開請求していた。市町村から開示された資料はこれまで公表されていなかったものも多く、策定プロセスがまた一つ明らかになった。彼らの情熱は私の想像を超えるものだった。

原発再稼働や避難計画に限らず、役所が一方的に決めた政策はまるで災厄のように市民一人ひとりの身に降りかかってくる。最近で言えば、２０２０東京五輪、マイナンバーカードなどもそうかもしれない。国だけではない。ごみ処理場や工場の建設予定地の選定、子どものいじめなど地域の問題も同様だ。災厄をもたらす歪んだ政策の共通点は、市民にとってのメリットが疑わしく、結論や負担だけを市民に押し付け、意思決定過程が不透明なことだ。

プレーヤーの不正はアンパイアやルールメーカーに罰してもらえばいい。だが、アンパイアやルールメーカーである役所のアンフェアはなかなか厄介だ。議員や報道が市民の側に立って動いてくれるとは限らないし、警察に駆け込んでも事件にならないから捜査してくれない。最後の手段として、裁判所に訴え出るには、証拠を集めなければいけないが、すべての証拠は相手の役所が握っている。

役所はすべての証拠を必ず隠し持っている。意思決定過程は後に検証できるよう文書を作成しなければならないからだ。小役人たちは自らの保身のためにも公文書を残しているはずだ。言うまでもなく、役所が保有する公文書は役所の所有物ではなく市民の共有財産だ。だから市民は「隠さずに出せ」と役所に求めることができる。これは役人の温情にすがる「お願いごと」ではなく、また議員や記者など限られた人にだけ与えられた特権でもない。すべての人（国籍も問わない）が法律や条例に基づき行使できる正当な「権利」なのだ。

だから本音は隠したい公文書も、役所は「これは隠したいから出しません」と言うことができず、例外的に不開示が認められる条文にこじつけるか、あるいは「個人メモ」とか「廃棄済み」とか言い募り、「公文書ではない」という体裁で不開示にするしかない。森友学園への土地払い下げをめぐる財務省の決裁文書改ざん問題や、陸上自衛隊の南スーダンPKO派遣部隊の日報問題が示したように、こうした隠蔽工作は、関わった担当者に過大なストレスを与え、組織全体のモラルを破壊する。そのうえ隠蔽工作にまで手を着けたにもかかわらず、その甲斐なく明るみに出てしまうこともある。突破口を開いてきたのは一通の情報公開請求だ。

しかし役所が築く隠蔽の壁を突き崩すのは容易ではない。情報公開と公文書管理の両制度に関するある程度の知識に加えて、狙った通りに公文書を請求する技術や、開示された公文書を正確に読み取る分析力も必要だ。もちろん粘り強く解明を目指すモチベーションは大前提だ。それでも運やタイミングに恵まれず、たどり着けないこともあるかもしれない。

正確に数えたことはないが、私がこれまでに出した情報公開請求は通算で計一〇〇〇件ぐらいだろう。その経験を通じて、役所が隠しておきたい文書を情報公開請求で入手する方法、そして開示された公文書から政策に潜む冷酷な真意を見抜く方法を市民に伝えることができないかと考えた。

誠に僭越ながら、長年の経験を通じて得た技術を「公文書道《こうぶんしょどう》」と名付けた。巧妙な隠蔽をかいくぐって公文書を入手し、核心の情報にたどり着いた悪戦苦闘の記録を楽しんでもらうと同時に、自らが筆者の立場だったらどうするかという野心的な視点でも読んでもらえたらと願っている。そして、もし新たな手法を編み出したらぜひ私にも教えてほしい。そうやって「公文書道」を高め合える同志を広げていくことも、本書を世に出す大事な目的だ。

第１章
報道は期待できない
――市民が自ら情報公開請求すべし

†突然の建設計画

例えば、あなたの住む街で、外資系通販会社の配送センターの建設計画が持ち上がったとしよう。その予定地は児童不足で閉校した市立小学校の跡地だという。閉校になってから長い時間が経つが、使い道がなくて市も困っていたみたいだ。それにしても、隣にある地下水の採取場は大丈夫だろうか。トラックがたくさん集まるだろうから交通渋滞や排気ガスも心配だ。もしかして地価も下がってしまうかもしれない。配送センターができても市民には何一つ良いことがない。なぜ市民が喜ぶ公園ではなくて配送センターなのだろう。

そこで近所に住む保守系の男性市議に相談したら、「もう決まったことだから諦めてください。ちゃんと環境対策をするよう市役所には伝えますから」と突き放された。それでもあまりに突然の話でどうにも釈然としない。

次に野党系の男性市議に相談すると、数十年前からさまざまな反対運動に携わってきたという仲間の高齢女性を紹介された。女性は「あなたの不安は当然だ。急いで建設反対会議を立ち上げて市役所に申し入れましょう。知り合いの○○新聞の記者に取材に来るよう連絡します」と言ってくれた。

それからしばらくして、女性や新聞記者と一緒に市役所に行き、企画調整課との初交渉に臨んだ。五人の部下を引き連れて会議室に現れた男性課長は四〇代後半だろうか、重要なプロジェクトを任されているだけあっていかにも切れ者といった風貌だ。「我が市があの跡地の使い道に困っていたことはご存知でしょう。市長が先頭に立って誘致してようやく決まったんです。我が市の経済振興につながります。ご近所にできるのは嫌かもしれませんが、環境対策はしっかりしますから」とまくし立てられた。計画を撤回させるどころか、まともな説明さえしてもらえなかった。それでも女性は「明日の新聞に記事が載りますよ。反対運動に参加する人も増えるといいですね」と嬉しそうだ。一カ月後に近所の公民館で反対集会を開催する予定だという。

自宅に帰った後、市役所との初交渉を振り返った。近所に配送センターができるのが感情的に嫌なのは確かだが、自らの気持ちを整理すると、ただ建設を阻止したいというより、何もわからず納得できないまま進められるのが嫌なのだ。でも、建設されれば市の財政にプラスなのは確かだし、建設反対と言い続けていたら、他の市民から「自分勝手だ」「わがままだ」と非難されかねない。でも、どうしてあそこは公園じゃダメなのだろうか？　他の場所は検討しなかったのだろうか？　誰が、いつ、どこで決めたのだろうか？　これまで議会でどのように説明されていたのだろうか——わからないことばかりだ。

支持を広げ、団結して権力に立ち向かう運動という闘い方をすべて否定するものではない。問題の存在を知らないか、あるいは関心の薄い人々に情報を届けるためにも必要だろう。しかし、役所が発表した政策・施策を反射的に反論するだけでは、本来は踏まえるべき前提をすべてすっ飛ばした偽りの（議論の）土俵に持ち込まれ、役所と住民ではなく、住民同士でいがみ合う不毛な事態に陥りかねない。

†役所に騙されないために

ところで、こうした議論の「すり替え」は、ここで挙げたような地域の課題にとどまらず、私が長年取材を続ける原発行政でもしばしば見られるものだ。良くも悪くも日本の行政は国の省庁を頂点として都道府県から市町村に至る中央集権のピラミッドとなっている。国と地方自治体でしくみがほとんど同じなのだから、役人たちの行動原理が似通ってくるのも無理はない。このような実態を踏まえ、本書ではあえて国と地方自治体を区別せず「役所」として表現する場合が多いことを承知いただきたい。

東京電力福島第一原発事故後、原発から三〇キロ圏内の自治体には避難計画の策定が求められている。「前は「安全神話」で事故が起きないことになっていたから計画もなく、福島では混乱したし、事前に備えておくのは必要だな。事故の教訓を生かすためには仕方ない」と考える人も多いだろう。だが一歩引いて考えてみてほしい。運転中の原発は事故のリスクが格段に上がる、というのも福島が残した大事な教訓のはずだ。

はっきり言えば、再稼働しなければ避難計画は必要ない。だとすると、避難計画の策定は再稼働を前提にしていることになり、いつのまにか「再稼働しない」という選択肢が消されている。それでも、「再稼働するには避難計画の策定が必要」と明文化されているなら、「再稼働につながる避難計画には協力できない」と反対することも可能だ。ところが役所は「再稼働とは関係なく避難計画は必要」とアナウンスしているので、明確に反対しにくい。結局のところ、都合よく福島の教訓を使って、再稼働を進めるために避難計画を作っているとしか考えられない。

福島県内を中心に実施された除染で発生した汚染土を運び込み、最長三〇年にわたり保管する（とされる）中間貯蔵施設を、政府は福島第一原発のある双葉町と大熊町に設置することを決めた。国民の間では「汚染がひどい帰還困難区域なのだから当然だ」と考えるむきもあった。これに対して、双葉町の井戸川克隆町長（当時）は「受け入れれば双葉町の将来的な復興が不可能になる」として受け入れを拒絶したが、除染が進んで早期の避難指示解除と復興が期待できる周辺自治体の首長からは受け入れを求められたという。本来、同じ被災自治体として一致団結して汚染土を他所に持って行くよう国に求めるか、あるいは効果の疑わしい除染自体を止めるよう主張すべきであったにもかかわらず、迷惑施設の押し付け合いに議論をすり替えられてしまった。

こうした議論の「すり替え」を見抜き、住民同士で対立する不毛な事態を避けるためには、役所が出してくる政策に反射的に反対し、支持拡大を目指す「運動」だけでは不十分なのは明らかだ。その政策は本当に必要なのか？　役所が言い募る政策の目的は真実なのか？　本当のところを調べなければならない。「そんな当たり前のことはわかっている」との反論も出てきそうだが、だとすれば誰かが調べてくれるのだろうか？

配送センターの建設計画の例で言えば、市役所との初交渉を取材した○○新聞の記者は調べてくれるだろうか？　「反対派住民が申し入れ／××市／配送センター計画」といった記事を載せてくれるかもしれない。だが、この記事は交渉を見たまま書いただけで、記者が調べて判明した新たな事実が含まれているわけではないだろう。今後も取材を続けてくれるかはわからない。新聞社は記者が減り続けており、そんな余裕はないかもしれない。

それなら、長らく住民運動に携わってきた女性はどうだろうか？　環境汚染や道路交通に関する在野の専門家に連絡して、「××市の△△地区は環境汚染や渋滞が起きるおそれがあるから配送センターに適していない」というコメントをもらってくれるかもしれない。でも、市役所のほうもいわゆる〝御用学者〟に頼んで、逆に「△△地区に配送センターを造っても環境汚染や渋滞の心配はない」なんてお墨付きをもらってしまったら、水掛け論になってしまう。

役所が突然、結論ありきで押し付けてきたあたりを見ると、もしかすると何か後ろめたい事情があるのかもしれないけど、それが何かわからない。木で鼻をくったような課長の態度を見ると、正直に話すとはとても思えない。

他に候補地はなかったのか、なぜ配送センターを誘致したのか、本当のことが知りたい。そんな基本的な事柄を役所が検討していないはずがない。情報はすべて役所の中にある。大事な情報が書かれた公文書は市民のものだ。情報公開請求をしたら役所は開示しなければならないはずだ。決定に至ったプロセスが書かれた公文書が開示されたら、建設に反対する根拠がはっきりするかもしれないし、ひょっとしたら「これなら建設もやむを得ない」と納得できるかもしれない。

逆に情報公開請求したのに、「公にすると市民を混乱させる」と何も出てこなかったり、黒塗りだらけの「のり弁」みたいな公文書しか開示されなかったら、これまで漠然と抱いていた疑念が正しかったことになる。それはそれで意味があることだ。とにかく情報公開請求するしかない、でもどんな公文書を請求したらいいんだろう、どうやって請求書を書いたらいいのだろう？　誰か教えてほしい――。

†情報公開請求したことがない記者たち

「請求書に何を書いたらいいのかわかりません」「どんな公文書を請求したらいいでしょうか？」

私が記者たちに情報公開請求を勧めると、必ずと言ってよいほど返ってくる言葉だ。そんなときの彼らは不安げで、特ダネという獲物に飢えたハンターというより、教師から与えられた課題を解けない学生のように見えた。残念ではあるが、彼らの苦し紛れの質問に答えてもおそらく意味はない。私のアドバイスに従って実際に情報公開請求をした記者は少なかっただろう。わざわざ手間をかけて情報公開請求に踏み切るだけのモチベーションはなかなか生まれない。

二〇一八年一一月、全国の民放のテレビ・ラジオ局でつくる日本民間放送連盟の研修会で、情報公開請求を使った調査報道について講演する機会があった。

講演の一カ月ほど前、研修会の幹事二人（テレビ局の幹部）が打ち合わせのため私の元を訪れた。講演とは言っても、大きなホールのステージに上がって何百人もの聴衆に向かって話すような大規模なものではなく、研修会の中にいくつか設置される部会の一つで、細長い事務テーブルを環状に並べた普通の会議室が会場だった。参加者は全国の民放テレビ局から派遣されてくる記者三〇人ほどだという。

幹事から「彼らはほとんどが二〇～三〇代の若手で、一度も情報公開請求をした経験がない記者もいるので、あまり難しい内容を話さないでほしい」と要望を受けた。

確かに情報公開請求した経験のない記者に対して、いきなり「政策の意思決定過程の解明を目指せ」とか「本を一冊書きあげるつもりで粘り強く取材してほしい」なんて言いようものなら、彼らは怖気《おじけ》づいて心のシャッターを下ろしてしまうに違いない。

とは言え、私に求められているのは、取材や報道に使える実践的な情報公開請求のメソッドを教えることだ。「国の場合は請求書に三〇〇円分の収入印紙を貼らなければいけない」とか「開示される公文書はペーパーではなくＰＤＦファイルで受け取ることもできる」とかいった事務的、初歩的なことを教えても意味がない（そんなことは役所のホームページに載っている）。一方で、行政法の研究者が条文の解釈や法的な論点をまとめた学術書を読んでも、どのような公文書を請求すれば良いのか、その公文書が開示されると何が判明するのか、といった報道への実践法は載っていない。

幹事がはっきり言ったわけではなかったが、どうやら私を講師に呼んだ背景には、地方の小さな民放テレビ局が上げた〝大戦果〟があるようだった。

富山県のチューリップテレビは二〇一六年、情報公開請求で入手した膨大な領収書を一枚一枚調べ、富山市議会で常態化していた政務活動費の不正請求を厳しく追及。粘り強い取材で一四人もの市議を辞職に追い込んだ。

取材班が出版した『富山市議はなぜ14人も辞めたのか――政務活動費の闇を追う』(岩波書店、二〇一七年)を読むと、チューリップテレビの記者たちも当初から「こんな情報公開請求をすればこういう特ダネになる」という確信を持って取材を始めたわけではない。情報公開請求を繰り返し、一枚一枚丁寧に読み込むことで不正の端緒を見つけ、「わらしべ長者」のように次々と情報を手繰り寄せることで大きな成果を出せた。言い方は悪いが、特ダネのアンチョコに従ったわけではない。

「さて何を話したらよいものか……」と考えあぐねた結果、私が常日頃から訴えている意思決定過程の解明を目指すよう求める二ページのレジュメを作成した。電子メールや会議の録音も情報公開請求できることや、請求者の欄に社長の名前を書くよう求められても応じる必要はないこと(もし応じると後で審査請求する際に社内手続きが面倒になるため)など、すぐに使えそうな細かいテクニックも一応は盛り込んだものの、「これでもかなりハードルが高いな。関心を持ってもらえないかも……」と不安を抱いて講演に臨んだ。

予期していたことではあったが、若い記者たちの反応は芳しいものではなかった。彼らが欲していたのは「簡単に特ダネになる情報公開請求のやり方」であって、「どのような公文書を情報公開請求すべき」あるいは「情報公開請求によってどのような公文書が手に入る」といった、調査報道の基礎となるメソッドではなかったのだ。

だが、講演後の質疑応答でやりとりするうちに、彼らがいま置かれている厳しい環境を思うと仕方のない面もあるとわかってきた。地方の民間テレビ局では一〇人に満たない記者で全県をカバーし、あらかじめ割り当てられたニュースの「尺」を埋めなければならない。しかも新聞とは違って、テレビニュースには映像が不可欠だ。情報公開請求で開示された公文書を映しても、取れる尺（時間）は短いし、視聴者に与えるインパクトも弱い。目指すべき過去のモデルケース、調査報道の成功例もごくわずかだ。チューリップテレビの成果も不正そのものではなく、市議たちが釈明する記者会見によって印象づけられたものだ。研修に来た記者たちの中には、情報公開請求をした経験がある記者もいたが、警察官や学校教員の懲戒処分や政治資金収支報告書といった、請求から報道まですでに定型化されているものばかりで、五里霧中の状況で一から調査報道を手掛けた記者はいないようだった。

その後、彼らのうちの誰かが情報公開請求を駆使して華々しい特ダネを放ったとは聞いていない。

†コロナで仕事がなくなった

新型コロナウイルスの感染拡大を受けて、安倍晋三首相は二〇二〇年四月七日、最初の緊急事態宣言を発した。あれから三年が経って忘れかけているかもしれないが、当時はどれぐらいの感染予防策を取ればよいか、このあたりまでやれば大丈夫という相場観がまだ形成されていなかった。そんな状況下にあっては、世間から批判を浴びないよう、役所が求めるよりも「斜め上」の対策を企業は選択しがちだ。小役人的と言えるが、当時の空気感を考えると、もし油断して「クラスター」(集団感染)を出そうものなら袋叩きに遭い、企業としての存続さえ危うくなりかねなかったのだから仕方のない面もある。

事件・事故や災害、戦争などの非常事態にこそ報道機関は使命を果たすよう求められる。しかし社員や家族の感染対策を求められるのは一般企業と変わりない。会社への出勤は基本的に禁止となり、在宅勤務生活に突入した。

私が当時所属していた毎日新聞特別報道部(二〇二〇年度末で廃止)も混乱に陥った。同時期に他の部署にいたわけではないので厳密な比較はできないが、記者一人ひとりの動揺は他の部署よりも大きかったのではないかと思う。その理由は記者として仕事をした気になれる「ルーティン」が特報部にはないからだ。

大げさではなく、ほとんどの社会活動が止まり、コロナに関する記事しか紙面に載らないという極限状況（東日本大震災・福島第一原発事故の発生直後に似ていたかもしれない）であっても、どこかの役所の担当記者をしていれば、役所が発表したコロナ対策を原稿にまとめる仕事がある。特ダネではなくとも、末尾に自分の署名の入った記事が載れば仕事をした気になって、安心してしまうのが記者の性《さが》だ。

しかし毎日新聞特報部の記者には担当の役所がない。また、東京新聞の特報部であれば、「こちら特報部」という二ページの担当面を持っており、これを埋めるというルーティンの仕事があるかもしれないが、毎日新聞の特報部は担当面を持っておらず、調査報道で一面トップ（アタマ）の特ダネ記事を出すのが使命とされている。日々の出稿を求められることはなく、野放し、放任だったわけだが、これは気楽そうに見えて実は精神的にきつい。たとえ自分の署名が入った記事が載らなくとも、在宅勤務中にやらなければならない、あるいは在宅勤務でもやれるような取材や作業があれば、仕事をやった気にもなれるだろうが、特報部にそんなものはない。それなら何もやらなくて良いではないか、何とも羨ましい生活ではないか、と考えるむきもあるかもしれない。だが、何も仕事がないというのは、真面目に働きたい、ごく常識的な人間にとっては極めて苦しい環境なのだ。

そもそも特報部の使命である調査報道の定義は曖昧で、新聞社内にも調査報道のマニュアルがあるわけではない。一部の記者がそれぞれ職人的に技術を積み上げているのが実情だ。上司にもよるが、取材の指示を受けたり、端緒となるネタを渡されたりすることはあまりない。特に私の場合は原発行政の追及がライフワークと思われていたため、上司からの取材指示はほぼなかった。それはありがたいことだった。

一方、初めて特報部にやってきた記者たちは年度が始まった途端いきなり在宅勤務になったことで不安を募らせていた。年度初めに特報部にやってきた記者は大抵、上司から何も指示がないことに戸惑う。先輩記者の動きを見ながら自分のネタを探すが、しばらくして見つからないと先輩記者の下について一緒に仕事をするようになるのがいつもの流れだ。それが、コロナ禍で新年度からいきなり在宅勤務となり、ただでさえ五里霧中なのに、さらに外にも出られないという厳しい状況に追い込まれた。在宅勤務であるため、記者たちが抱いた不安はリアルな職場ではなく、メールやチャットを通してパソコンやスマートフォンの画面上に表れた。

「何もやることがなくて困っています」

「何かできることはありませんか？」

「どうしたらいいかわかりません……」

彼らが最も頭を悩ませていたのは、現在進行中のコロナ禍を調査報道のテーマに据えるべきか否か、だった。コロナ禍に関する記事しか載らない状況下にあって、コロナをテーマに調査報道すべきか迷うのも無理はない。記者の仕事をサッカーにたとえると、前線に張ってチャンスボールをうかがうフォワードが、良いボールが来ないことに焦れて、ボールをもらうため中盤に下がるべきか否か迷っている、といったところだろうか。我慢して前線で待ち続けても、良いボールが来ないまま試合終了のホイッスルが鳴ってしまう、なんておそれも頭をよぎる一方、ボールをもらうために中盤に下がれば、自分本来のスタイルとは違うプレーを余儀なくされる。その判断に絶対的な正解はない。

調査報道と言うと、「特ダネ」というゴールに直結するチャンスボールを情報源からもらうことがすべてだと思われがちだが、それは誤りだと断言できる。継続して成果を上げるためには、チャンスボールをもらう技術だけではなく、チャンスボールを確実にゴールに流し込むシュート力や、敵の弱点を見定め、ゲームをコントロールするマネジメント力も必要になる。

†緊急事態宣言下でひたすら下調べ

私は福島第一原発事故から一〇年以上にわたり原発行政の調査報道を続けてきた。原発（事故）報道は「3・11」前後に集中し、それ以外の時期は低調なため、しばしば「アニバーサリー・ジャーナリズム（記念日報道）」と揶揄される。好ましい状況とは思わないが、原発への関心を持ち続けているコアな読者だけではなく、幅広く読者を開拓し続けていくためにはやむを得ない面もある。

そのため、私は例年正月明けから紙面展開を始めることが多く、春から秋にかけてはほぼ下調べに集中してきた。その間、私の署名が紙面に載ることはほとんどない。だからコロナ禍の緊急事態宣言下で自分の署名が紙面に載らなくとも、それは例年と同じなので、特に焦ることもなく巣ごもり生活を過ごすことができた。二〇二〇年四〜五月の最初の宣言下で、私はもっぱら、過去に情報公開請求で入手した膨大な公文書をスキャンし、政府の会議の公表資料を読み込んでいた。この時期に読んだ安定ヨウ素剤のガイドライン改正に関する原子力規制委員会の会議（安定ヨウ素剤の服用等に関する検討チーム）の資料や、原発避難計画の策定を支援する内閣府の組織改編に関する会議（三年以内の見直し検討チーム）の資料は、この後原発避難計画に切り込むうえでとても参考になった。

コロナ禍の影響が皆無だったわけではない。二〇二〇年度当初、私は二つのネタをターゲットに想定していた。このうちの一つが、私が水戸支局でデスクをして以降、関心を抱いていた原発避難計画だ。もう一つは内部情報をもとにした典型的な調査報道ネタで、おそらく後者を手掛けることになるだろう、と当初は見込んでいた。

私の調査報道は大抵、ターゲットに定めた施策に関する公表資料の下調べから始まる。役所が設置した有識者会議の議事録と配布資料を読み、国会や地方議会の議事録を検索して担当者の答弁を探す。役所の公表範囲と公式見解を特定するのが目的だ。会議が公開されている有識者会議の資料は役所のホームページ上で公表されているので、コロナ禍の影響で役所の担当者が登庁しておらず、電話での問い合わせができなくとも、インターネット環境さえ整っていれば下調べはできる。

途中から合流してくれた同僚記者と共に下調べを進めるうち、二つのネタの進捗状況に大きな差が出てきた。当初本命とは思っていなかった原発避難計画のほうばかりが先に進んだのだ。

全国の原発のうち特に狙いを付けたのが日本原子力発電東海第二原発（茨城県東海村）だ。避難計画を策定する防災対象範囲三〇キロ圏内（茨城県内一四市町村）の人口が約九四万人（当時）と全国最多で、予定されている避難先も茨城を含む六県一三一市町村に広がる。それだけ下調べも膨大になるが、コロナ禍で直接取材が制約されている特殊な環境にあっては、膨大な下調べに没頭することでかえって精神的な安定が得られた。元々特ダネに直結する内部情報があったわけではなかったが、大海のような公表情報の波間をひたすら泳ぎ続けるうちに謎解きへの意欲をかき立てられていった。

二〇二〇年は五月二五日に最初の緊急事態宣言が解除されると、年末に再び感染が拡大するまでの半年間、比較的落ち着いた状況が続いた。社会活動がすべて元に戻ったわけではなかったが、役所にも職員たちが戻り、電話での問い合わせや場合によっては直接の訪問取材も可能になった。前述したように、原発避難計画の取材は内部の情報源がいたわけではなく、追加情報の確認や、進捗状況の説明のためこっそり会う必要もない。役所の担当者に正面から取材できれば事足りる。

避難者を受け入れる三〇キロ圏外の市町村に問い合わせた結果、茨城県原子力安全対策課（原対課）が「一人あたりの専有面積二平方メートル」を基準に、市町村から回答があった避難所面積を二で割って収容（可能）人数をはじき出し、そこに避難者が収まるよう三〇キロ圏内の（避難元）市町村に避難先市町村を割り振る「マッチング」という作業をしていたことが判明した。茨城県は二〇一三年に県内で最初の面積調査を行った後、二〇一八年に避難先の取手市がトイレや玄関など避難生活に使えないスペースを含む総面積で収容人数を過大算定していたことを県議会で指摘され、直後に再調査していたこともわかった。だが茨城県は調査の結果のみならず、実施した事実さえも公表していなかった。

二〇二〇年九月以降、茨城県による二回の面積調査のほか、国（内閣府）と自治体が随時開催していた非公開会議の資料を次々と情報公開請求すると共に、開示を待つ間も避難先市町村への問い合わせを続け、一つひとつの避難所の面積を直接聞き取っていった。聞き取った避難所面積の数字はすべてエクセルシートに入力して避難先の市町村ごとにまとめていった。

一一月に入ると、情報公開請求していた調査や会議の資料が内閣府や茨城県から次々と開示された。エクセルシート上で数字の変化を見比べることで、取手市以外にも過大算定していた市町村があることがわかってきた。さらに取材を続ける中で、原対課が再調査の結果をまとめた集計表も入手できた。再調査で判明した過大算定を是正すると、茨城県内の避難先八市町で計一万八〇〇〇人分の避難所不足が生じるという結果だったが、この事実も公表されていなかった。

次はいよいよ避難計画の策定プロセスを隠している役所の担当者たちへの直接取材だ。これは直接面会して行わなければならない。そうでなければ相手を追い詰めきれないからだ。しかし、ちょうどこの頃、新型コロナウイルスの感染が急拡大する局面（第三波）を迎えており、再び緊急事態宣言が出る前に急いで取材しなければならなかった。緊急事態宣言が出されると、それを理由に面会を断られる恐れがあった。

取材を申し込んだ際に激しい抵抗を受けたものの、何とか一二月一五日に原対課長への面会取材が実現した。政府が二回目の緊急事態宣言を発出したのはそれから約三週間後の

第52114号
MAINICHI
毎日新聞
1月31日（日）
2021年（令和3年）
毎日新聞東京本社

東海第2避難所1.8万人不足
2018年時点 スペース過大算定

日本原子力発電東海第2原発（茨城県東海村）の事故に備えた広域避難計画をめぐり、原発の30キロ圏内から避難する人を受け入れる避難所が過大に見積もられていた。一部施設でトイレや倉庫などの「非居住スペース」を除外しなかったことなどから、2018年時点での収容人数が約1万8000人分不足していた。自治体間の協議は今も難航しており、国内原発で最多の約94万人が避難する計画は策定開始から7年を過ぎても完成していない。【日野行介、三上健太郎】

NEWSLINE
検証 厳しさ続く医療体制 2
厚生労働省は新型コロナウイルス患者向け病床使用率などを公表した。医療提供体制は厳しい状況が続く。

ほとんど情報公開請求で入手した公文書だけで書いた一面トップの記事

二〇二一年一月八日。間一髪で取材が間に合い、一月三一日付朝刊に「東海第2避難所1・8万人不足／2018年時点／スペース過大算定」と初報を掲載し、無事にキャンペーン報道を開始することができた。

約一年間にわたった一連の取材中、私と同僚記者が茨城県内を訪れたのは計一〇回ほど。そのうち宿泊を伴う出張は一回だけだった。これまで述べてきた通り、インターネット上での発表資料の精査から始まり、役所への電話での問い合わせと取材メモの作成、情報公開請求と公文書の開示、入手したデータの整理と、作業のほとんどがデスクワークだった。かかった経費も役所にかけた電話代をのぞくと、東京から茨城までの電車代、情報公開請求の手数料と開示文書のコピー代くらいで、合計で二〇万円程度だろう。

作業量は膨大だったものの、ほとんど役所への電話問い合わせと情報公開請求による公文書の入手と分析だけで隠される事実を暴くことができた。コロナ禍によって取材活動が制約される特殊な環境下にあって、金銭的、人的なリソース（資源）を抑えた、コストパフォーマンスの高い調査報道だったと自負している。

†情報公開請求は誰でも使える「正攻法」

私は二〇二一年度末をもって二三年間勤めた毎日新聞社を退社した。自分が長らくしてきた調査報道という仕事が嫌になったわけではない。もちろん飽きたわけでもない。自分の仕事が会社から必要とされなくなり、今後の人生を「一会社員」として歩むかどうか選択を迫られ、そして選ばなかったにすぎない。どうにも調査報道以外の仕事をすることがイメージできなかったのだ。だから一介のジャーナリストとしてこれまで通り調査報道を続けている。

新たな生活が始まってしばらくして気づいたことがある。会社にいない方がやりやすい面も多いのだと。私は役所詰めの担当記者だった期間が短く、組織の傍流どころか一匹狼であり続けたためか、会社員記者としての特権や恩恵にあずかった経験があまりない。それらは例えば、社内で代々引き継いできた情報源（ネタ元）だったり、特定のチーム内や記者間で共有する取材メモなどだ。情報源は自分で開拓したものがほぼすべてで、それも数多いとは言えない。むしろかなり少ないほうだろう。

私がやってきたのは、役所が公表している資料をベースに、発表までの意思決定過程を記録した公文書を情報公開請求で入手し、詳細に分析することで役所が隠したい事実をあぶり出し、そこに潜む政策のウソや冷酷な真意を特定していく——そんな地道な調査報道だった。よく考えてみると、これは組織に所属する会社員記者でなくとも、一般の市民でもできる。むしろそのほうがやりやすいかもしれない。

新聞社やテレビ局で役所詰めの担当記者になると、役所と一定の友好関係を維持しなければならない。それは行政監視という社会から期待される役割と両立しない面がある。

例えば、役所の職員から内部告発で情報がもたらされたとしよう。その情報が重大であると、記者は自らの内なるジャーナリズムに問いかけることになる。

「これを徹底的にやったら役所から嫌われるだろうな。もしかして会社に抗議が来て担当から外されるかもしれない」

はっきり言ってしまうと、「会社で出世するために特ダネは欲しいが、リスクが大きいものは困る」と思っている記者は結構いるのだ。報道して役所から反撃された場合、会社が守ってくれるかわからないのだから、一概に責められない面もある。内部告発に基づく特ダネを『週刊文春』ばかりが連発する「文春一強」の背景には、新聞社やテレビ局の

「及び腰」があると個人的には考えている。

こうした「及び腰」は議員にも共通する問題だ。与野党を問わず、何らかの制度変更なり、対応の改善といった目に見える政治的成果を求めるなら、役所と正面切って対決するのは避けたいところだ。しかしそんな「及び腰」では、役所が表に出したくない意思決定過程を暴きたてるのは難しい。役所と友好的な関係であれば、断片的な情報は入ってくるかもしれないが、それは役所が施策を進めるうえで好都合な情報で、意図的にリークされたものかもしれない。

実際、役所の担当記者や地方議員が「役所・職員との関係を悪くするからできれば情報公開請求はしたくない」とこぼすのを耳にしたことが何度かある。「忠臣蔵」の浅野内匠《たくみの》頭《かみ》のように、自分だけ除け者にされて大事な情報を教えてもらえない、なんて嫌がらせを受けるのを恐れているのだ。

詰まるところ、報道機関の会社員ジャーナリストであることの「特権」は記者としての名刺、肩書ぐらいしかない。昨今さすがに「会社員記者以外からの問い合わせには応じない」と言い放つ傲慢な役所の担当者はいないだろうが、記者の名刺があれば、その役所の担当記者でなくともトップの記者会見に出て質問できるし、担当者への問い合わせ取材も容易だ。私のような一匹狼でも、懐柔して矛先を鈍らせるためだろう、役所や議員、企業から「お誘い」を受けることもある。しかし、うっかり乗ってしまうと、いつの間にか役所に都合の良い情報だけをリークされ、証拠隠滅や情報操作に利用されてしまうかもしれない。

原発や基地、外国人労働者、貧困など、政治的な対立が激しい社会運動に関わる人々はしばしば「マスコミは行政監視をしていない」「行政をもっと厳しく批判してほしい」と、報道をひとくくりに批判する。そうした批判がすべて誤りだと言うつもりはない。だが、報道に何を求めるのか、彼らも整理できていないのではないかと感じてきた。彼らは基本的に、自分たちの運動を支持する論調が期待できる特定のメディア（朝日新聞、東京新聞など）を信頼している。そうしたメディアはたしかに自分たちの主張を（ある程度は）取り上げ、行政を批判してくれるだろう。だが、そこから一歩進んで、真実を探求し、役所に切り込むような報道がどれだけあるだろうか。運動を好意的に取り上げることと、真実を探求する報道は次元が違う。

原発や基地など政治的な対立の激しい社会問題には必ず長く複雑な経緯がある。腰を据えて報道するにはかなりの時間と手間に加え、見識や技術の蓄積が求められる。二〜三年で異動を繰り返す会社員記者にとってはなかなかの難題だ。高いモチベーションを持って長期的に問題と向き合う――そんな「一般市民」のほうが、情報公開請求を武器に行政監視するのに適していよう。

役所が政策の意思決定過程を明らかにしないのは、その政策に込めた真の目的が民意に沿わず、むしろ不合理だけを国民・住民に押し付けるものとわかっているからだ。水面下で勝手に葬り去った別の選択肢や、結論ありきを正当化するため後付けで実施した調査報告書、果ては冷酷な本音がにじみ出る関係者の発言を収めた会議録などが明らかになれば、市民に反論の材料を与え政策を一方的に進めることが難しくなる。

政策に込めた真の目的を察知し、実現を阻止したいと考える一般市民が（誰でも）できるのは、政策の目的が民意に反し、隠蔽と嘘で一方的に進められている証拠を示すことだ。この証拠こそが意思決定過程を書きとめた公文書だ。何しろ役所の担当者が自身で作成したものなのだから、これほど確実な証拠はない。役人たちも「あんなの嘘っぱちだ」と否定したり、「市民は何もわかっていない」と見下すこともできない。

公文書は役人の所有物ではなく国民・住民の共有財産（という建前）で、情報公開請求は法律や条例で保障された国民・住民の「権利」である。そのため、公文書の開示を求められたら役所も無視できない。市民は「どうか教えて下さい」と、情報のお恵みを求めて役所にへりくだる必要はない。情報公開請求は市民が情報の開示を役所に迫る唯一の正攻法だ。

請求者を居住者や勤務先がある人に限定する市町村もあるが、国や都道府県は基本的に誰でも情報公開請求ができる。国には一件三〇〇円（請求書に収入印紙を貼付）の手数料を要するものの、文書のコピー代（一枚一〇円のケースが多い）か、公文書のPDFファイルを収めるCD－Rの費用しかかからない。郵送での請求も可能で、ファクスやオンラインで請求できる自治体もある。つまり役所の窓口に足を運ぶことなく、請求から開示まですべての手続きを済ませることができる。こんな便利な正攻法を使わないのはもったいない。

第２章
はじめての情報公開請求

†プレスリリースを見てみよう

それでは市民が自ら公文書を情報公開請求していくうえで、まず何から始めればいいか考えていきたい。公文書に慣れるための第一歩として、役所が報道向けに発表するプレスリリースに目を通してみることをお勧めしたい。

私が大学を出て新聞記者になった四半世紀前は、役所もまだ公式ホームページを作成するようになって間もない頃で、プレスリリースとは役所の担当者が記者クラブで配布するペーパーを意味していた。ファクスで会社（支局）に送ってくれる役所もあったが、大半は役所に置かれている報道各社のボックスにペーパーを投げ込むだけなので、先輩記者が事件の応援出張で留守にしていた間、先輩の持ち場である市役所や町役場を回り、それぞれのボックスに投げ込まれたプレスリリースを回収したのを今もよく憶えている。

現在は警察や検察など捜査当局を除くと、プレスリリースは記者クラブへの投げ込みや記者会見での発表とほぼ同時に、役所の公式ホームページにアップされるのが当たり前になっている。おかげで一般の市民も記者と同じようにプレスリリースを読むことができる。

よく考えてみると、これは大きな変化だ。それまで一般の市民は新聞の折り込み広告などの形で配られる自治体の広報紙を除いて、政策に関する公文書に触れる機会はほとんどなかった。新聞やテレビなどの報道のフィルターを通さなければ、政策に関する情報をリアルタイムに得ることができなかったのだ。

報道のフィルターを通した後では、役所が明らかにした情報と、記者が独自の取材で入手（役所からのリークも含む）した情報を厳密に区別できない。これでは、役所が真摯な姿勢で情報を広く発表しているかのような錯覚を招きかねない。

個人的な経験から言えば、記者がプレスリリースをもとに原稿にまとめる際に盛り込む独自の情報というのは、役所にとって都合の悪くない情報が多い。直接は発表しにくいが、記者から問われたら答える――というレベルの情報だ。「発表文に書いていないですがここまでは書いていいですからね。でもトラブルになってもこっちに言ってこないでくださいね」という、責任転嫁の意図さえ垣間見えるようなものだ。

だが、一般市民がホームページを通じてプレスリリースを読んだり、記者会見の動画を見て発言をチェックするようになると、こうした報道を使った透明性の〝水増し〟はやりにくくなる。

「公文書道」を追求していく手始めに、実際のプレスリリースを見てみよう。まずは中央省庁からだ。環境省のトップページを開き、画面をスクロールしていくと、「お知らせ」が並んでいる下に「報道発表一覧」と書かれたバナーがある。ここをクリックすると、発表日ごとにプレスリリースが並んだページに行く。私がこの原稿を書いている二〇二三年三月八日（水曜日）に出されたプレスリリースは「遺伝子組換えメダカの未承認使用の確認について」の一件だった。

余談になるが、中央省庁の発表は火曜日と金曜日に集中する。午前中に首相官邸で閣議が開かれた後、大臣がそれぞれの省庁に戻って記者会見を開く慣例のためだ。いわゆる「閣議後会見」だ。省庁ごとに置かれている記者クラブに所属する新聞やテレビの記者たちは記者会見に出席し、大臣から直接発表内容を聞いて原稿にまとめる。すべての発表を原稿にするわけではない。たとえば審議会の開催告知などは担当記者に向けた案内にすぎないので、よほど国民の関心が集まっているような状況でなければ原稿にしない。

†実は肝心なことが書かれていない

一般市民にとって身近な自治体のホームページも見てみよう。ためしに茨城県のトップページを開いて、画面を下にスクロールしていくと、「報道発表資料」のバナーがあり、プレスリリースが一カ月ごとにまとめられている。

同じく三月八日のプレスリリースは「茨城町及び阿見町の原木しいたけ（露地栽培）に係る出荷制限の一部解除について」、「原子力災害対策特別措置法に基づく利根川水系のうなぎに対する出荷制限の解除について」など計四本。このうち私が長く取材を続けている原発事故に関するものと思われる発表が二本あった。おそらく「3・11」が近いからだろう。毎年この時期は原発事故に関する発表が集中する。

このプレスリリースを記者がどのように解読し、役所（県庁）の担当者に何を問い合わせ、どこに気をつけて原稿にまとめたのか――これまでの原発取材の経験に基づく〝勘〟も多少は働くと思うので、この二件のプレスリリースを詳しく読んでみよう。

「しいたけ」のほうはわずか一ページ。右上には担当課（林政課）長と担当者名、連絡先の電話番号の記載がある。内線番号も記載されているのは、県庁内の記者クラブから電話をかけられるようにするためだろう。

本文は以下の通りだ。

平成23年11月10日に原子力災害対策本部長（内閣総理大臣）からの指示に基づき、出荷制限を要請した茨城町及び阿見町の原木しいたけ（露地栽培）につきまして、下記の生産者（3名）が県の定めた栽培管理の方法に基づき生産し基準値（100Bq／kg）以下であることが確認されたしいたけに限り、本日付けで制限を解除しましたのでお知らせします。

なお、両町内で原木しいたけ（露地栽培）の出荷制限が解除されるのは、今回が初となります。

早くも違和感を覚えた人がいるかもしれない。茨城県は福島県の南隣に位置している。東京電力福島第一原発事故に関するプレスリリースのはずなのに、「福島」や「原発事故」の言葉がないのだ。本文中の「平成23年」「原子力災害対策本部長」という言葉と、本文の下にある「参考1」の欄に、「原木しいたけに係る出荷制限は市町村単位で行われるのに対し、制限の解除は県の「放射性物質低減のための原木きのこ栽培管理に関するチェックシート」に基づき栽培管理を実施していることが確認されたしいたけを対象に生産者、ロットごとに行う」と書かれているのを見て、「ああ、原発事故による放射能汚染で一一年半出荷が認められていなかったんだな」とようやく理解できる。

このプレスリリースをもとに原稿をまとめる記者の立場になって考えると、平成二三年一一月一〇日の原子力災害対策本部長の指示内容――を確認するなり、県の担当者に問い合わせて原発事故の影響による出荷制限であることを確認しなければ、原稿中に「東京電力福島第一原発事故」という単語を盛り込むことはできない。

「そのぐらいの裏取り取材は記者として当たり前だろう」と思う方もいるかもしれないが、

（参考２）　出荷制限等の解除実績（今回の茨城町及び阿見町を含む）

【施設栽培】

市町村	解除年月日（初回）	生産者数（累計）
石岡市	平成27年４月10日	５名
かすみがうら市	平成27年４月10日	２名
笠間市	平成27年８月20日	１名
日立市	平成27年10月９日	３名
土浦市	平成28年４月８日	２名
鉾田市	平成28年５月18日	２名
茨城町	平成30年４月24日	１名
合計		16名

【露地栽培】

市町村	解除年月日（初回）	生産者数（累計）
城里町	平成29年６月15日	３名
行方市	平成29年６月22日	８名
石岡市	平成30年１月16日	８名
かすみがうら市	平成30年９月３日	１名
土浦市	平成30年12月13日	４名
小美玉市	平成30年７月10日	７名
笠間市	令和２年３月19日	５名
常陸大宮市	令和３年３月26日	２名
水戸市	令和３年９月21日	３名
茨城町	令和５年３月８日	１名
阿見町	令和５年３月８日	２名
合計		44名

2023年3月8日に茨城県が出した原木しいたけの出荷制限解除を知らせるプレスリリース。解除実績は書かれているが、現在も制限中の生産者数は記載されていない

そもそもプレスリリースに書いておけば済む話だ。なぜ書いていないのだろう。

さらに違和感を覚えたのが、「参考2」に記載されている「出荷制限等の解除実績（今回の茨城町及び阿見町を含む）」の一覧表だ。【施設栽培】と【露地栽培】に分けて、茨城県内の市町村ごとに、初回の解除年月日と、解除された累計の生産者数が記載されている。記者が原稿を書きやすいよう親切に情報提供しているようにも見える。だが、なぜか出荷制限が続いている市町村や生産者の人数は書かれていない。

一方、「うなぎ」のほうは全部で九ページ。だが、本文は最初の一ページだけで、残る八ページは茨城県内で水産物の

出荷制限が解除されたこれまでの経過などを示す参考資料だった。

こちらも本文中に「福島」や「原発事故」の言葉がない。一方で「2023年3月8日付けで解除されましたのでお知らせいたします」「本県では出荷制限されている水産物がなくなりました」という記述には下線が引かれている。

発表の翌日、二〇二三年三月九日付の毎日新聞茨城版を見てみると、「ウナギ出荷制限解除/利根川水系/県全生産物可能に」という三段の見出しで記事が掲載されており、末尾には「シイタケ、コシアブラ、キノコ類(いずれも一部地域)とイノシシ肉の出荷制限は続いている」と書き添えられていた。

これらのプレスリリースから見て取れるのは、都合の良い情報だけを伝える一方で、国民・住民に本来伝えるべき情報を伏せ、記者やその先にいる市民に気づかせまいとするバイアス(偏り)のかかった姿勢だ。

農作物や水産物の出荷制限とは本来、放射性物質を含む食材が消費者の口に入らないようにするのが目的だ。消費者には事故に対して一切責任がなく、被曝を受け入れなければならない理由はないからだ。しかし現実として広範囲が放射性物質で汚染されてしまったことから基準値を引き上げ、それを超えるものは出荷しないよう法律に基づき制限をかけた、ということになる。

そうすると、出荷制限に関するプレスリリースは、対象になっている農産物や水産物が何かを伝え、食べないよう警告する（し続ける）のが本来の目的であるはずだ。解除を発表することも必要ではあるが、今も対象になっている農作物や水産物を伝えないこれらのプレスリリースには欠落があると言わざるを得ない。

これは担当者の不注意やミスではあるまい。「福島」や「原発事故」の言葉を入れていないことも含めて、意図的に触れていないのだ。長きにわたる生産者の苦心を考えると、ようやく基準値を下回り、再び出荷できるのは喜ばしいことには違いない。だが出荷制限の本来の趣旨を踏まえると、役所が解除だけをアピールするのはバイアスがすぎると言うほかない。

さらに踏み込んで考えるなら、いまだ出荷制限が続いている事実、ひいては出荷制限の原因である原発事故が続いている現実を市民に認識させたくない一方、矛盾するようではあるが「3・11」直前に解除を発表することで、復興が着実に進んでいる空気感を出したい――といったところだろう（問い詰めても決して認めないだろうが）。

実際、前述した毎日新聞茨城版の記事には「東京電力福島第一原発事故」という単語が入っていない。この発表の原因が原発事故にあることを「自明の理」とみて省略したのか、それとも記者やデスクが気づかなかったのかはわからないが（おそらく後者だろう）、今も出荷制限されている食材があることを伝える末尾の記述を除いて、県の担当者が期待した通りの内容になったかもしれない。

余談になるが、「行政の監視機能を果たしていない」とか「役所となれ合いになっている」というのは、今も昔も変わらぬ報道批判の常套句だ。だが、こうして実際のプレスリリースと新聞記事を読み比べてみると、記者が役人と示し合わせて役所にとって都合の良い記事を書いているというよりも、役人が練りに練ったプレスリリースの裏を記者が見抜けていないか、あるいは気づいてはいてもいちいち取り合わないという、そんな空気感を感じとれないだろうか。そこには、人員削減で余裕がない、という疲弊した報道現場の現状も影響しているだろう。

話を本題に戻そう。こんな短いプレスリリースからも役所のバイアスを感じ取れる。役人が作った公文書を直接読むことで、報道のフィルターを通すと見えにくくなる役所の思惑を見抜けるという意味がわかってもらえただろうか。

もちろんバイアスや思惑に気づいただけでは、役所が隠している事実を暴いたことにはならない。そのためにはプレスリリースを出すまでの水面下の意思決定過程を証拠に基づき解明していくしかない。この証拠が公文書であり、それを入手するための正攻法が情報公開請求だ。

†情報公開と公文書管理の基本知識

「国民の的確な理解と批判の下にある公正で民主的な行政の推進に資することを目的とする」（情報公開法第一条）のが情報公開制度の目的だ。

国民・住民が行政情報にアクセスする権利、いわゆる「知る権利」を保障する制度として、米国の連邦政府が一九六六年に制定した「情報自由法」をはじめとして欧米を中心に整備が進んだ。

日本では、外務省秘密漏洩事件（一九七二年）やロッキード事件（一九七六年）をきっかけに政治や行政に対する不信感が高まり、野党を中心に情報公開法の制定を求める声が上がった。だが自民党政権の腰は重く、八〇年代に入ると先に地方自治体で情報公開条例の制定が進んだ。地方を国が後追いするという、中央集権が強固な日本の行政機構では珍しい展開で整備が進んだ。

国内で初めて山形県金山町が一九八二年に情報公開条例を制定した後、続いて神奈川県が同年に都道府県レベルで初めて条例を制定した。

情報公開法（行政機関の保有する情報の公開に関する法律）は一九九九年四月に国会で成立し、二〇〇一年四月に施行された。二〇〇〇年には「行政文書の管理方策に関するガイドライン」も策定されている。

余談になるが、私は情報公開法の施行を苦い経験と共に今も鮮明に記憶している。私は記者三年目で初任地の毎日新聞大津支局におり、東京、大津の両地裁で係争中だった「薬害ヤコブ病訴訟」の取材を担当していた。他紙が情報公開請求によって厚生労働省から開示された公文書を基に一面トップのスクープを報じたのを見て、強い衝撃を受けたと共に、「今後はこうした取材手法が主流になっていくかもしれない」と感じた。

ところで情報公開請求のターゲットとなる公文書にはその時々の〝トレンド〟がある。情報公開法が未施行で、自治体が条例化を進めていた一九九〇年代半ば、自治体の職員が予算獲得のため国の担当者を公費でもてなす「官官接待」や、裏金づくりを目的とする「カラ出張」が問題となり、そうした不正の温床となっていた食糧費の出金伝票を情報公開請求する動きが広がった。

続いてターゲットになったのは警察の捜査報償費だ。本来は捜査に係る経費や情報提供者への謝礼金に使われるが、偽の領収書を使って捜査員に渡したように装いながら、実際には幹部がプールして裏金を作っていた。同じ頃、ゼネコン汚職事件（一九九三年）などをきっかけに自治体が発注する公共工事をめぐる業者間の談合に関心が高まり、入札調書を情報公開請求する動きが広がった。

二〇〇〇年代以降、地方議員に報酬とは別に支払われる政務活動（調査）費の使途を明らかにするため領収書が情報公開請求された。

こうした公金支出の監視や適正化を目的とする自治体への情報公開請求の中心になったのが各地の市民オンブズマンたちだった。ちなみに、びわこ空港建設阻止の住民運動をきっかけにオンブズマン活動を始めた滋賀県市民オンブズマンの浅井秀明代表は、私にとっては情報公開制度への扉を開いてくれた師匠のような存在だ。

一方、情報公開制度と「車の両輪」と言われる公文書管理制度は、「消えた年金記録」問題（二〇〇七年）やC型肝炎の記録放置問題（同年）などをきっかけに、国で先に法制化が進んだ（二〇〇九年に公文書管理法が成立）。地方自治体では今も国の後を追う形で条例化が進んでいる。

福田康夫首相の肝いりで法制化が実現したことも、野党主導で議論が進んだ情報公開制度とは対照的だ。

公文書管理法の制定は情報公開請求のトレンドにも影響を与えた。議員による〝口利き〟の記録や、省庁や自治体のトップによる面会の記録など政治家の関与を記録した公文書への関心が高まっていく。

意思決定過程の情報公開についての公文書管理法の意義は第四条に表れている、と私は考えている。

第四条　行政機関の職員は、第一条の目的の達成に資するため、当該行政機関における経緯も含めた意思決定に至る過程並びに当該行政機関の事務及び事業の実績を合理的に跡付け、又は検証することができるよう、処理に係る事案が軽微なものである場合を除き、次に掲げる事項その他の事項について、文書を作成しなければならない。

一　法令の制定又は改廃及びその経緯

二　前号に定めるもののほか、閣議、関係行政機関の長で構成される会議又は省議（これらに準ずるものを含む。）の決定又は了解及びその経緯

三　複数の行政機関による申合せ又は他の行政機関若しくは地方公共団体に対して示す基準の設定及びその経緯

四　個人又は法人の権利義務の得喪及びその経緯

五　職員の人事に関する事項

「経緯も含めた」という文言に強い意志を感じとることができる。決して公言しないだろうが、政治家や役人にとって意思決定過程に関する公文書は公開したくないものだ。だが、

国民が情報公開を求める「権利」と合わせて、意思決定過程を記録する公文書の作成を役所に義務付ける法律ができたことで、情報公開請求を受けて意思決定過程を記録する公文書を公開しなければ「隠蔽」と指摘され、責任が問われることになった。

†一連の「公文書スキャンダル」が示したもの

第二次安倍政権下で相次いだ「公文書スキャンダル」では、意思決定過程を記録した公文書を公開しないために役所が使った数々の手口に注目が集まった。

森友学園の建設をめぐる国有地の売却問題では、財務省が学園側の交渉記録を「保存期間一年未満」の文書として廃棄し、安倍昭恵夫人の名前を削除するなど取引に関する決裁文書を改ざんした事実が明るみに出た。

また加計学園の獣医学部新設の問題では、内閣府の担当者から「総理の御意向」「官邸の最高レベルが言っている」と新設を認めるよう迫られたとする文部科学省の面談記録が、職員の「個人メモ」で公文書（行政文書）には当たらないとされた。

陸上自衛隊の日報問題では、南スーダンPKO派遣部隊の活動を記録した日報の情報公開請求を受け、防衛省は当初「すでに廃棄した」として不開示にしたが、その後、野党や与党の一部政治家から批判を受け、「電子データとして残っていた」として一転開示した。

財務省の文書改ざんは論外だが、「保存期間一年未満の文書なのですでに廃棄した（と思われる）」「個人（私的）メモだから公文書に当たらない」「探したが見つからなかった」というのは、情報公開請求を受けた文書を〝脱法的〟に不開示にするオーソドックスなやり方だ。不都合な公文書を隠蔽できる〝抜け穴〟が無数に存在し、広く使われていることに国民は強い衝撃を受けた。

あれから六年が経った。一連の公文書スキャンダルを受けて「行政文書の管理に関するガイドライン（公文書管理ガイドライン）」は改定された。安倍政権から菅政権を経て岸田政権となり、公文書管理と情報公開をめぐる議論はすでに国民の関心事ではなくなっている。放送法改正をめぐる総務相レク文書など、一時的に騒がれたことはあったが、それも大臣の進退をめぐる政局的な関心が主で、公文書管理のあり方に再び焦点が当たることはなかった。

残念なことではあるが、法律やガイドラインをいくら改定しても公文書の隠蔽を根絶するのは難しいと私は考えている。本書でこれから紹介していく、私が実際に直面した「保存期間一年問題」や「個人（私的）メモ問題」、「当初は見つからなかった問題」の事例は、すべてガイドライン改定（二〇一七年一二月）後の事例だ。不都合な公文書を隠そうとする役人たちの行動原理は改まっていない。「仏作って魂入れず」とはまさにこのことだろう。

これは制度改定だけで改まるような簡単なものではない。ましてや安倍政権だけの問題でもない。病巣は深いと言わざるを得ない。

病巣が深く根を張っているのは霞が関だけではない。霞が関を頂点に中央集権の官僚機構が強固な日本の行政にあっては、自治体も同じ仕組み、そして行動原理を共有している。まるで悪質なカーボンコピーのように地方自治体でも脱法的な公文書の隠蔽は再生産されている。

いくら制度を改めても脱法的な公文書の隠蔽を完全に防ぐのは難しいだろう。だからと言って諦めてしまえば、役人たちは味をしめて、事態は悪化するばかりだ。

よく考えてみてほしい。役人たちがウソをついて公文書を隠す（隠さざるを得ない）のは、情報公開請求を受ければ開示しなければならないという基本原則を知っているからだ。彼らは情報公開請求を恐れている。情報公開請求は強い武器だということだ。武器は使い続けなければ磨くことができない。この武器を使うのは国民・住民だ。仏に魂を入れるのは政治家や役人ではなく国民・住民なのだ。

†冤罪事件の弁護に似ている

政策の意思決定過程を記録した公文書を情報公開請求するとき、私はいつも無実を訴える刑事被告人を弁護するようなイメージを抱いてきた。検察は警察が集めてきた証拠の中から、起訴した被告人が有罪であることを示す証拠だけを裁判所に提出する。しかし、過去の冤罪事件では必ずといってよいほど、無実の可能性を示す証拠があったにもかかわらず、検察が隠し持っていた事実が明らかになってきた。警察が強制捜査権と公費を使って集めた証拠は本来、適切な刑事裁判を行うための公共財産であって、検察が独占してよいものではない。

無辜《むこ》の処罰を防ぐには、検察に持っているすべての証拠を開示させ、被告人と弁護人が吟味できるようにしなければならない。ところが刑事訴訟法では長らく証拠開示を保障する規定がなく、裁判所の訴訟指揮に委ねられてきた。無実の可能性を示す証拠を目の前にいる検察官が持っているかもしれないのに、弁護人はそれを出させる法的な権利がなく、裁判所を通じて「お願い」するしか方法がなかったのだ。

裁判員制度の導入に伴う二〇〇四年の改正刑事訴訟法で証拠開示制度が新設され、開示をめぐって検察側と弁護側の意見が対立した場合には、裁判所が開示の可否を裁定する規定が設けられた。全面的な証拠開示までは保障しておらず、検察に無罪方向の証拠開示を義務付けていないことから、不完全な感は否めないものの、公判に先立ち被告人と弁護人が証拠開示を求められる規定が導入された意義は大きい。

冤罪を防ぐための証拠開示制度の意義は、民主主義を守るための情報公開制度の意義と似ていないだろうか？

役所が勝手に決めた政策による「災厄」を受け入れる筋合いがなく、政策に正当性がないことを主張したいのに手元に材料がない――そんな国民・住民ができる唯一の対抗策が、意思決定過程を記録した公文書の情報公開請求なのだ。

開示された公文書の中には、役人たちがウソを自白している議事録や、知らぬ間に闇に葬られた別の選択肢が書かれた会議資料、結論ありきの政策を正当化するため後付けで行った調査の報告書が入っているかもしれない。これこそが無実の証拠だ。無辜の民が理不尽を押し付けられることのないよう、消される前に救い出さなければならない。

役所は秘密裏に検討し、政策の目的を偽り、「もう決まったことだから」と聞く耳を持たずに押し進める。この「隠す」「騙す」「押し付ける」の三点セットがもたらすものは民主主義の破壊しかない。これに対抗する材料は、役所がひた隠しにする意思決定過程の中にある。役所が自分たちにとって不利になる材料をわざわざ国民に提供することはない。国民・住民が情報公開請求によって「出せ」と迫る以外に方法はない。

第３章

意思決定過程を解明する

――狙いは非公開の「調査」と「会議」

†隠された政策のテーゼを言語化する

それでは、どのような公文書を情報公開請求すれば良いか考えていこう。その前に欠かせない作業がある。それは役所のホームページにアップされている請求書の様式(フォーマット)のダウンロードでもなく、法律や条例の条文を確かめることでもない。まずすべきは、情報公開請求によって何を解明したいのかを考えることだ。それは請求のターゲット(となる政策)を定めることではない。情報公開請求をしようと思い立つような市民であれば、それはすでに定まっていよう。解明したいのは、ターゲットに定めた政策の真の目的、テーゼ(命題)だ。役所が政策に込めた〝真意〟〝本心〟と言っても良い。これをあらかじめ言語化しておく。

そんなことを言うと、「まだ開示されてもいない公文書に何が書いてあるかわかるはずがない」とか、あるいは「あらかじめ公文書の中身がわかっているなら請求する必要がない」などと疑問を呈する方もいるかもしれない。もちろん、独自に入手した文書が公文書であることを確認するためにあえて情報公開請求する(入手している事実を伏せたうえで)場合を除き、情報公開請求する文書の中身が最初からわかっているわけではない。

自分自身がターゲットに定めた政策のテーゼがどのようなものであるか、漠然とした仮説で構わないのでまずは言語化してみてほしい。最初の仮説は厳密ではないほうが良い。役所が公表するのは政策の決定や結論だけで、テーゼはアピールしている表向きの政策目的とは正反対であることが多い。そのため仮説を厳密に言語化しようとすると、役所が公表しているわずかな情報、プロパガンダまがいのウソに引きずられ、さらに騙されかねない。むしろ表向きの政策目的とかけ離れているぐらいの仮説がちょうどいい。「こんな突拍子もない仮説を立てて「妄想」とか「陰謀論」とか言われたりしないだろうか」などという心配は無用だ。

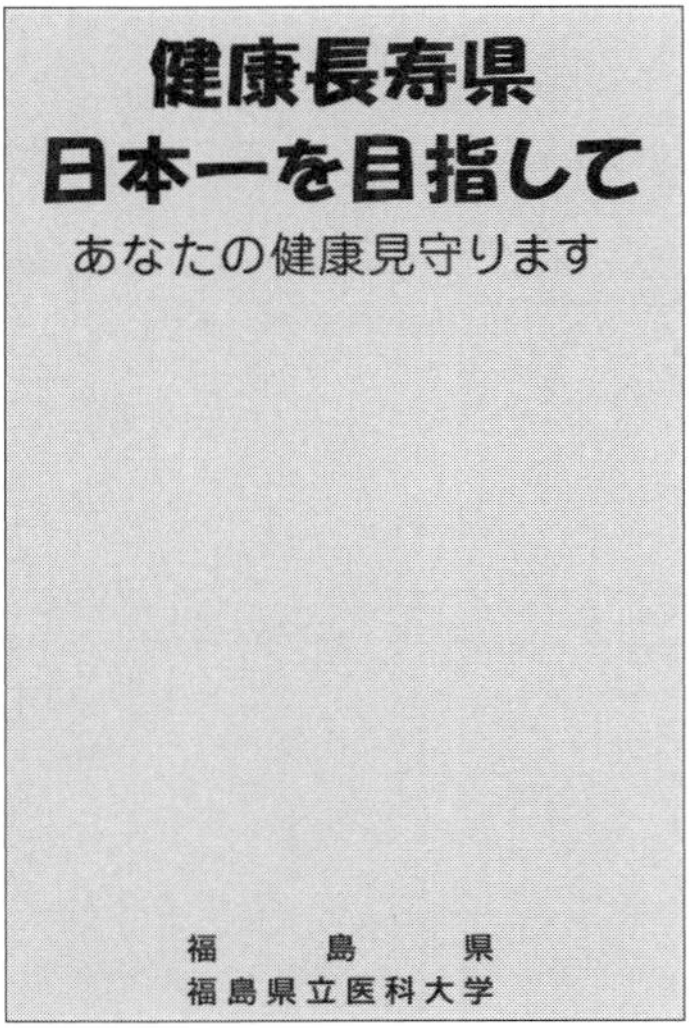

健康長寿県
日本一を目指して
あなたの健康見守ります
福　島　県
福島県立医科大学

県民向けに配布されたファイルの表紙。一見すると原発事故と関係があるようには思えない

原発行政の分野では、役所が決定や方針を正当化するため打ち出した温情的なスローガンを裏返しにしたものが政策のテーゼなんてことはざらだ。

福島第一原発事故による放射線被曝の影響を調べる健康調査では、国と福島県が「あなたの健康見守ります」とアピールしていたが、本当の目的は被曝の健康影響を「なかったこと」にする「被曝の証拠隠滅」だった。また、放射能で汚染された表土を剝ぐ除染の目的は「住民の被曝軽減」と喧伝されていたが、実際の狙いは「避難指示を早期解除するためのアリバイ」、「避難者の増加による住民流出の抑制」にあった。

本書は役所が押し付ける政策に疑念や不信感を抱く市民を読者として想定している。そうした市民が求めているのは政策の阻止であって、政策の実態解明ではないことは私も承知している。だが政策の実態を解明しないままでは、役所がでっち上げた偽りの（議論の）土俵に乗せられ、いつの間にか政策の後押しをさせられていた、なんてことになりかねない。

「そんなことはあり得ない」「役所を悪く言いすぎ」などと反発する人もいるかもしれない。だが、私の指摘が間違っていないことは、福島第一原発事故後の原発行政が証明している。

原発の安全規制は運転の可否を判断するためのもので、原発避難計画は運転中の事故に備えるためとされる。原理原則で考えれば、どちらも原発を再稼働（運転）しないなら不要な存在だ。裏返して見ると、政府が規制機関を再建し、自治体に避難計画の策定を求めるのは、再稼働を前提にしている、再稼働を目的にしているのが見えてくる。だが役人たちは正直にそう言わない。「福島のような事故が起きないよう厳しく規制します」「福島のような混乱がおきないよう避難計画を作ります」と言い募るだけだ。

再稼働に反対する市民が真のテーゼを見抜けず、「原子力規制委員会はしっかりしろ!」「実効性ある避難計画を作れ!」と主張するとどうなるだろうか? 役所の担当者から「はい、しっかりやります」「実効性ある計画を作ります」と水掛け論に持ち込まれ、知らず知らずのうちにかえって再稼働を後押ししている――なんてことになりかねない。いや、現実にそうなっている。

誤った政策を阻止するには、遠回りに見えてもまずは隠された政策のテーゼを特定し、役所に騙されないようにする必要がある。そのためにまず仮説を言語化する。野球にたとえると、打席に立つ前に狙い球を絞るイメージかもしれない。もちろん、あくまでも仮説なので、情報公開請求した公文書が開示されて情報が徐々に蓄積されてくると、ズレが生じることもある。その場合は勇気をもって仮説を修正していけばいい。「陰謀論」や「妄想」などと非難を受けることを恐れず、思い切って自らの仮説を言葉にしてみてほしい。

†「公表」と「公開」の違い

次に、二つの言葉を定義しておきたい。それは「公表」と「公開」という、普段はほとんど同じ趣旨で使われる二つの言葉だ。役所の使い分けを知っておくと、騙されにくくなると思うからだ。

岩波書店の『広辞苑』第五版では、それぞれ以下のように説明している。

【公表】おもてむきにすること。世間に発表すること。
【公開】誰でもが同じに利用できる状態にすること。公衆に開放すること。

ニュアンスの違いに気づいただろうか。役所が持つ行政情報を対象にすると、「公表」は役所が（自発的に）情報を広く発表することであり、「公開」は市民から請求されたから開示すること、あるいは見られる状態にしておくこと、と言えるだろう。

なぜ、この二つの言葉を定義しておくことが必要なのか。それは役所が二つの言葉を時に使い分け、時に混同させることで市民を欺いているからだ。

「役所が持つ行政の情報は国民（住民）の共有財産だから（全部）公開してください」

あなたが役所の担当者にこう迫ったとする。すると役所の担当者はこう反論するだろう。

「すべての情報を公文書にして公表しろ、と言うんですか？　どれだけの手間がかかると思っているんですか？　あなたの会社ではそんなこととしていますか？」

「公開」を「公表」に意味をすり替え、揚げ足を取っただけの反論なのだが、これに対して「国民の財産なんだから当然だ」とそのまま言い返してしまうと、また水掛け論に持ち込まれてしまう。

そんなときに「公表」と「公開」という言葉の違いがわかっていれば、こう切り返すことができる。

「すべての情報を公文書にして公表しろ、なんてことは言っていない。意思決定過程の記録は公文書にして残し、請求を受けたら公開しなければならないのが、情報公開と公文書管理の原則だ。公務員なのだからルールを守れ」

あえて極端な言い方をすると、保身に汲々とする小役人は、膨大な行政情報を「公表する情報」と「それ以外の情報」の二つに分け、後者の中に「情報公開請求を受けたら公開しなければならない情報」があることに気づかれないよう腐心している。非公表の情報はすべて非公開と思い込ませたいのだ。「明らかにできる情報はすべて公表している」「公表している情報だけが明らかにできるものだ」などという小役人の言葉を信じてはならない。それは情報公開請求を諦めさせるためのブラフにすぎない。そんなことを言われたら、逆に「何か隠している」と思えばいい。

九州大学の教授だった吉岡斉（二〇一八年に死去）は『原子力の社会史――その日本的展

開』（朝日選書、一九九九年）の中で、「歴史的アセスメントの観点から、日本の原子力政策に関して過去になされた数々の重要な意思決定を検証しようとするとき、我々歴史家が当惑させられるのは、意思決定プロセスそのものが多くの場合、不透明だということである」「意思決定プロセスに関する情報が、インサイダー以外の人々に伝えられる機会は存在せず、文書の形で残されることも滅多にない。そして意思決定の結果のみが文書として公表される」と指摘している。

この名著の出版からすでに四半世紀が経とうとしているが、吉岡の指摘は今も日本の原発行政の真理を言い当てている。そして原発行政ほどではないにせよ、日本の行政全般に当てはまるものだろう。

†狙うのは非公開の「調査」と「会議」

仮説として立てた政策のテーゼが正しいと裏付けるためには、水面下の意思決定過程を解明しなければならない。その「証拠」になるのが公文書だ。

まだ、「どんな公文書を請求したらいいかわからない」「請求書に何を書いたらいいのかわからない」という、最初の疑問に対する答えにはなっていないかもしれない。政策が公表されるまでの間に役所はどのような公文書を作成しているのか、また、市民はどのような公文書を狙えばいいのか知らなければ請求書を書くことはできない。

ところで政策の意思決定過程とは本来、国民・住民の意見や要望をきっかけに、役所が課題や実態を調査していくつかの対応策をまとめ、その中から妥当なものを選び取るプロセスである。

しかし、結論ありきで出発点がいかがわしい政策では、役所の担当者は正当性を後付けする調査や理論武装を目的とした会議をしなければならない。もちろん、彼らはこうした調査や会議を明らかにしたくない。だが完全に隠すことは難しい。意思決定過程の記録は公文書として残し、情報公開請求を受ければ開示しなければならない基本原則だからだ。だからこそ、彼らは情報公開請求を避けるため調査や会議の存在をできるだけ公表せず、市民に気づかれないよう腐心している。逆に言えば、情報公開請求で狙うべきは役所が公表していない調査や会議の資料であると言えよう。

こうした調査や会議には、必ず複数の職員が関与している。関係文書は基本的に複数の職員が目を通す前提で作成するものであり、請求されれば役所は「公文書（行政文書）」であることを否定しにくい。

情報公開法（行政機関の保有する情報の公開に関する法律）と公文書管理法（公文書等の管理に関する法律）は「公文書（行政文書）」をこう定義している。

「行政文書」とは、行政機関の職員が職務上作成し、または取得した文書であって、当該行政機関の職員が組織的に用いるものとして、当該行政機関が保有しているものをいう。

調査や会議の資料は複数の職員が必ず目を通すものだから、「組織的に用いる」（「組織共用性」という）公文書にあたるのは間違いない。

ところで「隠蔽」と非難されるのを極度に嫌がるのも役人の習性だ。だから公表していない会議や調査の存在がバレてしまった際に、「いやいや、隠してませんよ」と言い逃れができるよう、ほんの少しだけ情報を見せておく、いわゆる「チラ見せ」を欠かさない。

福島第一原発事故後の除染作業で発生した大量の汚染土を土木工事に再利用しようと、環境省が設置した公開の有識者検討会（「中間貯蔵除去土壌等の減容・再生利用技術開発戦略検討会」）の設置要綱には、「専門の事項を検討するため必要があるときは、検討会にワーキング・グループ又は臨時委員を置くことができる」という一文が盛り込まれていた。だが、この「ワーキング・グループ」が実在している事実を環境省は半年間も公表していなかった。国民が望まない再利用基準の引き上げ（緩和）にむけた理論武装がこのワーキング・

３　検討会の構成
（１）　検討会は、環境省環境再生・資源循環局長が、上記２の検討事項に関する学識経験者（別紙）の参集を求めて開催する。
（２）　検討会の座長及び副座長は、委員の互選により選任する。
（３）　座長は、検討会の議事運営に当たる。
（４）　座長に事故等があるときには、副座長がその職務を代行する。
（５）　専門の事項を検討するため必要があるときは、検討会にワーキング・グループ又は臨時委員を置くことができる。

環境省が公表した有識者検討会（公開）の設置要綱。「ワーキング・グループ」は実在していたが、その事実を明らかにしていなかった

グループの目的だったからだ。

もしこのチラ見せをせずに会議を完全に隠蔽してしまうと、万が一にも存在がバレてしまった場合に逃げ道がなくなり、「隠蔽していた」と認めざるを得なくなる。私が二〇一二年に毎日新聞紙上で報じた福島・県民健康管理調査（現・県民健康調査）の「秘密会」問題は、役所が完全に隠蔽を図ったために起きたしくじりだった。

非公表「調査」の探索法

ここからは私の実体験に基づき、役所がチラ見せしているだけで、公表はしていない調査や会議をどのように見つけ出せばいいか検討していきたい。まずは調査からだ。

役所による調査は本来、実態を把握する目的で行われるものだが、「結論ありき」の原発行政では順序が逆になる。すでに固まっている方針を（後付けで）正当化する根拠を作るのが調査の目的だ。アリバイでしかないので、調査報告書は発表され

ることなく役所の奥に死蔵される。そうした公表しない前提の調査報告書だからこそ、政策の〝弱点〟があらわになっていたりする。

役所の調査は、担当者間の文書照会と、外部のシンクタンクへの委託調査の二種類に大別できる。それぞれの調査形態によって存在を見つけ出すまでの道筋は異なる。

担当者による文書照会の場合、国会や地方議会、あるいは役所が設置した有識者会議などの公表されている議事録から存在の端緒を見つけ出すことが多い。

日本原子力発電東海第二原発（茨城県東海村）の避難計画では、茨城県議会の議事録から端緒を見つけた。共産党の女性県議が二〇一八年九月、事故の際に東海村から約二万三〇〇〇人の避難者を受け入れる予定になっている同県取手市がトイレや倉庫、玄関などの使えないスペースも含む避難所の総面積で収容人数を過大算定している事実を暴露したのに対して、大井川和彦知事は「実態を確認したい」と答え、取手市以外についても調査する意向を示した。ところがそれから二年が経っても、調査結果は公表されていなかった。

知事が議会で公言した調査をやらなかったとは考えにくい。取材に対して、茨城県原子力安全対策課（原対課）の担当者は当初ウソをつき、調査した事実を認めなかったが、茨城県内のいくつかの市町村に問い合わせたところ、県議会の直後に原対課から避難所面積の照会を受けたことを認めた。すぐに照会文と調査結果を茨城県に情報公開請求した。

開示された調査結果などによって、茨城県内の避難先三〇市町村の半分が取手市と同様に収容人数を過大算定していた事実が判明した。しかも茨城県は県議会で指摘を受ける前から問題を知っていたにもかかわらず放置し、過大算定を是正するためにしたはずの調査結果も公表しなかった。情報公開請求によって、調査の目的が知事の面子を保つためのアリバイでしかなく、実効性ある避難計画を策定するつもりがない真意を浮き彫りにできた。

一方の委託調査だが、役所の業務発注は入札手続きを経なければならず、その際にホームページ上での公表が避けられない。また受注したシンクタンクは期限内（多くは年度内）に報告書などの成果物を役所に提出する。報告書の存在が後々発覚して隠蔽との批判を受けないよう、省庁内の図書館や国立国会図書館に納めて「公表したことにする」手法がしばしば使われる。

在野の研究者の著書をきっかけに調査報告書を見つけ出したこともある。

その研究者は二〇一三年、チェルノブイリ（チョルノービリ）原発事故後の健康被害を調べる文部科学省のプロジェクトで審査委員に就任した。しかし現地の文献調査を委託されたシンクタンクは電力会社の関連企業で、現地で伝えられている健康被害を否定する報告書が作成されたことを著書の中で伝えていた。

彼の著書を読むまで私はこの調査の存在を知らなかった。報告書を読みたいと思ったが、シンクタンクや調査の名前など具体的な情報が記されていなかった。取材を通じて面識があったことから、彼に連絡を取ったところ、調査のタイトルは教えてくれたが、契約の問題もあって報告書の提供はできないという。その代わりに、報告書がある場所を教えてくれた。

「私からは渡せないけど、報告書は国会図書館にあるよ」

すぐに東京・永田町にある国立国会図書館に行き、端末に調査のタイトルを入れて検索すると、彼の言った通り調査報告書が所蔵されていた。

報告書の中身は、日本政府の意向に沿って現地で伝えられているさまざまな健康被害を否定しただけのもので資料としての価値はほとんどない。なぜこんな調査が行なわれ、報告書が公表されなかったのか、その経緯が知りたかった。

文科省が五〇〇〇万円の予算を確保したのは民主党政権当時。強硬な脱原発論者で知られる森裕子副文科相の肝いりプロジェクトだった。だが二〇一二年一二月の衆院選で民主党から自公に政権交代し、自公政権下の二〇一三年度に調査は実施された。

幸運なことに、旧知の官僚がこの調査に関わっており、内幕を耳打ちしてくれた。

「はっきり言って無意味な調査だった。でもマルセイ（政務三役＝大臣、副大臣、政務官）が予算を取ってくれたのに使わないわけにいかない。問題は報告書をどうするかだった。だって積極的に公表するつもりなんかないんだから。それで国会図書館に納入して公表した形にした」

しばらくして、国会内でたまたま森氏を見かけたので取材を申し込んだ。森氏は調査報告書を見て目を丸くした。

「まったく知らなかった。考えていたこととまるで逆。びっくりだよね」

広く公表したくない調査報告書は国会図書館に納入して「公表したことにする」という官僚の巧妙なテクニックと合わせて、一時的な上司に過ぎない政治家よりも国策に忠実な官僚たちの行動原理が垣間見えた。

†見つけるのに苦労した調査

これまでの経験の中で、報告書を見つけるのに最も苦労したのが、内閣府原子力被災者生活支援チームが二〇一二年二月に実施したチェルノブイリ原発事故（一九八六年）の現地調査だ。

苦労した理由は、外部シンクタンクへの委託調査ではなく、担当者が直接現地に赴いていたことと、〝隠蔽〟が巧妙で水面に顔を出している端緒が乏しかったことにある。

ここで福島第一原発事故をめぐる当時の情勢に少し触れておきたい。

事故発生から約九カ月後の二〇一一年一二月一六日、野田佳彦首相は事故収束に向けた工程表のステップ2（冷温停止状態）達成を宣言した。いわゆる「収束宣言」だ。これは原子炉の状態が劇的に改善したことを示す工学的な意味合いよりも、避難区域の再編や除染などオフサイト（原発敷地外）の政策を次の段階に進める行政的な意味合いが強い。

収束宣言を機に、福島県内一一市町村に広がる避難指示区域を「避難指示解除準備区域」「居住制限区域」「帰還困難区域」の三区域に再編する動きが始まった。再編の先には避難指示の解除がある。政府が解除をこれから進めるうえで、「邪魔」になったのがチェルノブイリ原発事故の線量基準だった。

チェルノブイリでは、旧ソ連時代の初年度こそ緊急時を理由に年間一〇〇ミリシーベルトを線量基準としていたが、五年後からは「年間五ミリシーベルトを避難義務」「年間一ミリシーベルトを避難権利」の基準とする被災者政策（通称・チェルノブイリ法）が被災三カ国（ウクライナ、ベラルーシ、ロシア）で採用されてきた。

一方、日本政府は福島第一原発事故の発生一カ月後、緊急時を理由に線量基準を年間一ミリシーベルトから年間二〇ミリシーベルトに引き上げた。収束宣言で緊急時を脱したはずなのに元に戻すことなく、年間二〇ミリシーベルトを下回った地域を解除しようとしていた。引き上げた当時は「一〇〇ミリのチェルノブイリよりもまし」とアピールしていたが、一転してチェルノブイリよりも高い線量でも避難が認められないことになる。放射能の減衰に合わせて基準を引き下げたチェルノブイリ法のほうが合理的と見て、今度は「チェルノブイリのほうがまし」と国民から矛盾を指摘される恐れがあった。

二〇一二年から一三年頃、政治家や官僚、専門家たちが「線量基準が厳しすぎる」「国の財政が圧迫される」「実際には補償ができていない」と異口同音にチェルノブイリ法を批判するのを耳にした。それはまるで年間二〇ミリシーベルトの基準線量を正当化する〝プロパガンダ〟の大合唱に聞こえ、かえって年間二〇ミリシーベルトのいかがわしさを私に印象付けた。

異口同音の大合唱には何か「元ネタ」があるのではないか――そんな疑いを頭の片隅に置きながら取材をしていた二〇一三年初夏、微かな端緒を見つけた。

被曝による健康不安対策を検討する環境省の有識者会議（公開）の配布資料にこんな記述があった。

「チェルノブイリ原発事故現地調査より～海外の取組～」

そこにはチェルノブイリ事故の被災地で実施されている住民への心のケアや放射線防護策が写真付きで紹介されていた。

「現地調査」で写真付きなのだから、誰かが日本から現地に行ったに違いない。しかし資料のどこを見ても、誰がいつ現地に行ったのか書かれていなかった。

すぐにこの有識者会議の事務局である環境省環境保健部に問い合わせ、「この現地調査は誰がいつ実施したのか？」「報告書は公表されているのか？」と尋ねたが、担当者は「わからない」「聞いていない」と繰り返すばかりで何も答えない。しかしこの有識者会議が開かれてからまだ数ヵ月しか経っていない。それに政府の会議資料で出所の怪しい調査を引用するはずがない。彼が口をつぐんでいるのは明らかだった。

彼の口を割るための材料を探していると、何やら関係がありそうな二つの文書を見つけた。一つは「避難指示区域の見直しにおける基準（年間20mSv基準）」と題した計八ページの文書だった。タイトルの右下には、「平成24年7月」、「原子力災害対策本部　原子力被災者生活支援チーム」とあった。もう一つは、「年間二〇ミリシーベルトの基準について」というパワーポイントの文書だった。こちらはクレジット（作成者）が入っていなかったが、チェルノブイリ原発事故直後の線量基準である年間一〇〇ミリシーベルトと比較する形で、日本の年間二〇ミリシーベルト基準を正当化する趣旨が共通していた。だとすると支援チームが作成したものだろう。ということは、現地調査を実施したのも支援チームなのかもしれないと見当をつけ、環境省環境保健部に再び問い合わせると、「わからない」「聞いていない」と繰り返していた担当者がようやく「現地調査に行ったのは支援チ

チェルノブイリ原発事故現地調査より　～海外の取組～　参考2

例1. ウクライナの取組（社会心理復帰・情報提供支援センター）

社会心理復帰・情報提供センター外観

子どものためのプレイパーク

環境省が公表していた会議資料。「現地調査」とあり（上）、写真も付いているが（下）、誰が調査したのか書かれていない

ームかもしれません……」と認めた。

†チェルノブイリ法を否定するアンチョコ

「内閣府原子力被災者生活支援チーム」は福島第一原発事故を受けて設置された緊急対策チームで、インターネット上で検索しても公式ホームページはなく（なぜかSNSのアカウントはある）、組織の構成や人数、ミッションは明らかにされていなかった。事務所の場所さえもわからず、東京・永田町の内閣府の本府に問い合わせたところ、「支援チームはここにいません。復興庁と同じく東京・赤坂の民間ビルにいます」との答えで、支援チームの居場所がわかり、チェルノブイリ現地調査の報告書を情報公開請求することができた。

後に知ったことだが、支援チームの事務方トップはチェルノブイリの現地調査にも赴いた経済産業省の菅原郁郎経済産業政策局長（当時）が兼任しており、構成員約三〇人のほぼ全員が経産省からの出向者で、実質的に経産省の〝別動隊〟と言えた。

彼らに課せられたミッションは避難指示の早期解除だった。霞が関特有の文脈で言えば、「省として原発を推進してきた責任を取った」ということになるのかもしれないが、それなら「経産省」ではなく「内閣府」の看板でやるのは矛盾している。結局のところ、被災者の抵抗を押し切って解除する〝汚れ仕事〟を進めるにあたって、原発推進の経産省では不都合なので内閣府の名義を借りたのだろう。

請求から約二カ月後、支援チームから調査報告書が開示された。タイトルは「チェルノブイリ出張報告～原子力発電所事故における被災者への対応について～」。Q&Aの形で書かれた三〇ページほどの資料だった。内容は想像していた通りだった。

「福島第一原発の甲状腺被曝線量は、チェルノブイリ事故よりも十分低いレベルにあると推定される」

「（チェルノブイリでは）補償や支援策が既得権になっており、自治体や住民の強い反対のため、区域の解除や見直しが実施できていない」

「チェルノブイリ法における移住基準は、政治的な背景に基づくもので、過度に厳しいもの」

チェルノブイリ法を一方的に否定するだけで、評価する文言は一切ない。支援チームが同法に批判的な現地の政府関係者や研究者を選んでヒアリングしたことがうかがえた。分量や体裁から見て、外部へのプレゼン用資料として作ったのは明らかだった。この調査報告書こそがチェルノブイリ法を否定する「アンチョコ」だと確信した。しかし一般には公表していない。この資料はどこで使ったのか――支援チームの担当者に尋ねたが、やはり答えが返ってこない。

調査報告書のタイトルをインターネット上で検索してみると、二件のヒットがあった。一件は原発推進を掲げる「エネルギー・原子力政策懇談会」のホームページだった。どうやらこの会が主催した講演会で配布されたようだ。さっそく会の事務局に問い合わせてみると、確かに参加者にいったん配布されたものの、講演会終了後に回収されたため持っていないという。もう一件のヒットは公明党所属の国会議員のブログだった。震災復興に関する公明党の政策部会で講演と合わせて配布されていた。

二つの会議で講演したのは、現地調査に赴いた支援チームの菅原氏と松永明参事官だった。二つの会議はいずれも取りまとめ役が経産省のOBだった。支援チームは避難指示の早期解除を国民に説明するためではなく、経産省の人脈を使った水面下のロビー活動のため調査報告書を使っていた。

二〇一三年一一月、菅原氏への直接取材が実現した。報告書を公表しない理由を問うと、菅原氏はこう反論した。

「(報告書を)公表していないことを問題にするのは無理筋だと思うよ。僕らは中立機関でも何でもない。僕らが支援をやるに当たって知りたいと思った情報、政府の施策推進に当たって参考になる情報を得るための出張なんだから。出張報告なんてすべて公表するルールはないよ」

今から思い返しても官僚にあるまじき〝放言〟だと思うのだが、不思議と怒りは感じなかった。報告書を回収するなど巧妙に隠蔽したのにバレてしまった負け惜しみに聞こえたからだ。

†非公開会議の目的はシナリオのすり合わせ

次は「会議」の探索法に移りたい。役所が明らかにしていない会議とは言っても、前述した福島・県民健康管理調査の「秘密会」のように会議の存在を秘匿しているケースのほか、汚染土再利用のワーキング・グループのようにあるかもしれないと「チラ見せ」しているケース、存在は明文化していて会議の冒頭だけ報道陣に撮影（いわゆる「頭撮り」）を認めるケースまでさまざまな形態がある。いずれにしても議論の中身を公開するつもりがないのは同じなので、「非公開会議」として一括りにしたい。

私が非公開会議の議事録と配布資料を情報公開請求してきた理由は、公表されていないプレゼン資料や議事録の中に、葬り去られた別の選択肢や担当者による自白など、政策の真のテーゼを解明するヒントが含まれているからだ。

振り返ると、数えきれないほど多くの会議資料を読んできた。その経験の中で得られた一つの確信がある。非公開会議の裏の議題は常に「どこまで公表するのか」、あるいは「公表してはいけないことは何か」をすり合わせる〝シナリオ〟作りだ。

例えば、福島・県民健康管理調査の「秘密会」では、検査で見つかった甲状腺がん患者は事故による被曝と因果関係がないと口裏を合わせていた一方、内部被曝を調べる尿検査の有用性について検討したことを明らかにしないため、議事録から該当部分を削除（改ざん）したうえで開示していた。別の選択肢を勝手に葬り去った事実がバレてしまうのを恐れたのだ。

役所内でこそこそと隠れて検討し、国民や住民、被災者のニーズとかけ離れた決定を打ち出し、「もう決まったことだから」と聞く耳を持たずに進める、という「隠す」「騙す」

「押し付ける」の三点セットが原発行政には欠かせない。特に福島第一原発事故後の被災者政策はその矛盾の大きさゆえに三点セットが色濃く表れている。

ところで原発事故をめぐっては、石原伸晃環境相の「(中間貯蔵施設は)最後は金目」や、今村雅弘復興相の「自主避難者は自己責任」「(震災・原発事故が)東北で良かった」といった大臣の〝失言〟が世論の強い反発を招いた。だがよく考えてみると、これらの〝失言〟は政策の深奥に隠されている真のテーゼそのものだ。おそらく官僚たちから「言ってはいけませんよ」と言い含められていただろう。本来は政策そのものに対して国民の反発が向けられるべきなのだが、大臣の理解不足、政治家としての資質の問題に矮小化され、「トカゲの尻尾切り」ならぬ「トカゲの首切り」で問題は幕引きされてしまった。

だからこそ、政策の深奥に隠されている真のテーゼを特定するうえで、「国民に言ってはいけないこと」をすり合わせる非公開会議の情報が貴重な材料になる。担当大臣の〝失言〟と中身は同じでも、役所内での綿密な検討の経緯を知ることでその冷酷ぶりが理解できるはずだ。

†いじめ自殺問題で市教委に情報公開請求

ここからは原発行政ではなく、読者にとって身近な地方行政も同じ構造であることを説明していきたい。役所による非公開会議のテーマは常に、説明責任を果たすふりをして、冷酷なテーゼを隠すためのシナリオづくりだとわかってもらえるはずだ。

二〇一七年五月下旬、茨城県取手市立中学校三年生の女子生徒が約一年半前にいじめを苦に自殺していたという衝撃的なニュースが突如報じられた。私は当時、毎日新聞水戸支局のデスクの立場にあったが、テレビニュースが流れるまで、この問題の存在をまったく知らなかった。

取手市立中三年の女子生徒A子さん（一五歳）は二〇一五年一一月一〇日夜、自宅二階の自室内で自殺を図り、翌日搬送先の病院で死亡した。五日後、両親はA子さんが書き残していた日記の中に「いじめられたくない」「（独り）ぼっちはいや」など、いじめを受けていたことをうかがわせる記述を見つけたことから学校に原因究明を求めた。これに対して、学校と市教委は一カ月後、全校生徒を対象に「いじめの有無」を尋ねるアンケート調査を実施したが、「いじめの事実は確認できなかった」と結論づけた。

両親は納得せず、今度は文部科学省に対応を要請するとともに、同省の記者クラブで顔と実名を出して記者会見を開いた。この際、両親がA子さんの生前の写真を提供したことから、テレビの報道番組だけではなくワイドショーでも大きく取り上げられた。

毎日新聞の本社から「原稿を出せ！」と矢のような催促があったが、事前に何も把握していなかったので私の手元には何も材料がない。また両親はこれまで動かなかった地元メディアに不信感を抱いており、当初なかなか取材に応じてくれなかった。一方、市教委や学校に取材しても、「アンケート調査も実施してすでに結論は出している」の一点張りで中身の薄い原稿しか出せなかった。

騒ぎは一週間ほどで収まった。テレビがパタリと取り上げなくなったのだ。本社から催促はなくなり、支局としては取材を続ける必要がなくなったが、私の中にモヤモヤとした消化不良感が残った。当時は明確に言語化できていなかったが、新たな事実を掘り起こすという、報道本来の使命を果たしていないように思えたのだ。

まずは学校と市教委が「いじめは確認できなかった」と結論づける根拠となったアンケートの質問票を読み返した。それは奇妙な質問票だった。「朝食を食べていますか?」「学校生活は楽しいですか?」といった日常生活に関する漠然とした質問が続いた後、「いじめに関するアンケート」という項目があり、「いじめは絶対に許されないと知っていますか」「いじめられたと感じたことがありますか」「いじめを見たことや聞いたことがあるか」などと尋ねている。そこにA子さんの名前はなく、一カ月前に自校の生徒が自殺した事実にも触れていなかった。そもそもアンケートのタイトルは「一二月の生活アンケート」だった。いじめの有無を突っ込んで調べる姿勢は感じ取れず、はっきり言えば、一応やっただけのアリバイ的な調査に見えた。

それでも、「こんな調査でいじめが無かったと言えるのか？」と市教委や学校を追及したとしても、おそらくは「無かったとは断定していない。確認できなかったのだ」「受験を控えた生徒たちの心情に配慮した」「我々は警察ではなく教育者なのだから当然だ」と反論され、水掛け論に持ち込まれてしまうのは目に見えている。そこで自分なりのやり方で事実を掘り下げてみようと考えた。意思決定過程の公文書を情報公開請求してみようと。

†市教委と学校が隠したかったこと

この問題の対応について話し合い、方針を決定した会議はどこだろうか。

取手市立中学校なのだから取手市教育委員会しか考えられない。教育委員会は教育行政の意思決定機関で、教育経験者や有識者ら非常勤の委員四人で構成している。市立中学の生徒が自殺したことは市教委にとっては一大事なはずで、すぐに学校から報告が上がり、対応を検討したに違いない。

取手市教委は議事録を作ったはずだ。全国の教育委員会の中には議事録をホームページ上で公表しているところもある。情報公開請求をすれば議事録を丸ごと不開示にはできないはずだ。

取手市の情報公開条例を読むと、「何人も情報の開示を請求することができる」と規定されており、幸いなことに請求権者を取手市民に限定していない。二〇一七年五月末、この取材を担当していた支局の若手記者を通じて、A子さんが死亡した直後に開かれた会議の議事録と配布資料を取手市教委に情報公開請求した。

約二週間後、議事録と配布資料が開示された。議事録は黒塗り（不開示）の範囲が広かったが、議論の流れを追える程度は読み解くことができた。

予想した通り、A子さんが死亡した二〇一五年一一月一一日の夜、取手市役所藤代庁舎で市教委の臨時会が開かれていた。出席したのは、教育委員長を含む四人の教育委員と市教委の担当者六人の計一〇人。

ここで三カ月後に受験を控える生徒たちの動揺を防ぐことを理由に、A子さんが「自殺した」事実を伏せる方針を決めた。黒塗りの範囲が広いため、誰がどのように提案したかまでは読み取れなかったが、委員の一人は「突然の思いがけない死、ということを生徒に伝えて、これだけでも十分自殺だとわかってしまう」と不安も口にしていた。

臨時会で決まった方針に沿って、校長は翌一二日の全校集会で「思いがけない突然の死」として、生徒たちにA子さんが死亡した事実だけを告げ、自殺であることを伝えなかった。また学校が一三日に提出した二通目の報告書には、死亡理由を「事故死」としたうえ、発表しないよう警察に依頼した事実が記載されていた。

約一カ月後の全校アンケートは、A子さんが自殺した事実を伝えないまま行ったものだった。これではA子さんに対するいじめの有無を確かめられるはずもない。いや、そもそも学校と市教委はいじめの有無を本気で確かめるつもりなどなく、アンケートは「いじめは確認できなかった」と言い張るための根拠づくり、アリバイでしかなかった。学校や市教委が隠したかったものは、いじめの事実ではなく、生徒の自殺という重大事態と向き合わず、ただやり過ごそうとしていた自分たちの「保身」だったのだ。

市教委が自殺の事実を生徒たちに伏せていたことを毎日新聞紙上で報じると、それまで地元メディアに不信感を抱いていたA子さんの両親が、取材を担当していた支局の若手記者を信頼してくれるようになった。そして、私たちが報じた市教委と学校側の真意が間違いないことを示す〝証拠〟を託された。

A子さんが亡くなった直後、教頭が両親の元を訪れた。A子さんの亡骸の脇で、教頭は「受験を控えた三年生ということを考えると、不慮の事故で亡くなったという形で話をさせてほしい。いろいろな意味での教育的配慮だ」と両親に告げた。その声色は業務的に聞こえた。母親は泣きながら「死に損にならないようお願いしたい。ちゃんと調べてほしい」と懇願したが、教頭は「責任を持って調べたい」としか答えず、約束を果たすことはなかった。

この取材には一つの悔いが残っている。議事録の黒塗りについて不服申し立て（審査請求）をしなかったことだ。考えが及ばなかったわけではない。だが、この問題を報じていた二〇一七年の夏は茨城県知事選（八月）に加えて大きな事件の発生が相次いでおり、記者たちにかかる負担を考えて、逡巡したまま時間が過ぎてしまった。

もし審査請求していたとしても、情報公開審査会が主張を認めてくれたかはわからないし、もし黒塗りが解けて開示されたとしても、その時にはニュースとしての〝鮮度〟はすでになく、報じても読者の耳目を集めたとは思えない（そもそもニュースになるような情報が黒塗りされていたかもわからない）。それでも、理不尽な隠蔽に屈しない覚悟を示すためにも徹底的に抗うべきだった、と今は思うのだ。

役所が政策の意思決定過程を表に出さないのは、国民・住民に対して言い募る政策の目的が虚構であり、それが明るみに出ることで政策の正当性が否定されるのを恐れているためだ。そんな政策の意思決定過程には、非公開の会議と調査が必ず存在している。その目的は、虚構を正当化する理論武装であり、後付けの根拠づくりだ。裏返せば、議事録や配布資料、調査の報告書には、政策の欺瞞を示す証拠が必ず含まれている。それは間違いなく公文書だ。情報公開請求を受ければ開示しなければならない。だから、役所は意思決定過程を丸ごと伏せてしまう。だが、完全に隠してしまうと、今度はバレたときに隠蔽と非難されて、責任逃れができなくなる。呼吸するため水面に顔を出した大魚を狙う漁師のように、非公開の会議と調査を見つけ出してほしい。

第４章

「不存在」を疑う
――役所のごまかしをどう見抜くか

†情報公開と公文書管理は民主主義を支える車の両輪

　情報公開と公文書管理は健全な民主主義を支える車の両輪、と言われる。国民が正しく政策を判断するためには行政情報の公開が不可欠であり、そのためには公開されるべき公文書を役所が作成・保管しておかなければならない。たとえ情報公開制度があっても、肝心の公文書を作っていなかったり、残していなかったり、あるいは実際にはある文書を無いと言い張るウソがまかり通るようでは、せっかくの制度も機能しない。情報公開と公文書管理は片方だけでは機能しない関係にある。

「個人（私的）メモとして公文書から除外」「保存期間一年未満扱いで廃棄（したことにする）」「会議をブレスト（ブレインストーミング）ということにして議事録の未作成を正当化する」——第2章でも触れた通り、森友・加計の両学園問題や、陸上自衛隊の日報問題など、安倍政権下で続いた「公文書スキャンダル」によって、公文書管理制度の〝抜け穴〟を悪用して、不都合な文書を公開しないさまざまな手口に注目が集まった。残念ながら、こうした脱法的な〝公文書外し〟は安倍政権特有の問題ではない。また国の中央省庁に限った問題でもない。さらに言えば、あれから六年が経った現在も根絶されてはいない。

　相次いだ「公文書スキャンダル」を受けて、政府（内閣府）は二〇一七年一二月、「保存期間一年未満」とできる公文書を限定するなど、恣意的な扱いを防ぐため「行政文書の管理に関するガイドライン」を改定した。しかし、残念ながらガイドライン改定後も脱法的な〝公文書外し〟は変わらず横行しており、不都合な文書を公開しないための〝抜け穴〟が塞がったとは言えない。

そこで「何をしてもどうにもならない」「権力を持つ役人には逆らえない」と諦めるのは簡単だが、諦めたが最後、情報統制は強まり、行きつく先は「物言えば唇寒し」で自由にものが言えない専制社会しかない（すでに瀬戸際まで追い込まれているかもしれないが）。

制度の改善を求めるだけでは自由な社会を守ることはできない。ではどうすればいいのか。私が考える答えは一つしかない。情報公開請求という誰もが使える「権利」を行使し、役人たちが〝抜け穴〟を使い続けている実態を地道に明らかにしていくしかない。権利の上に眠っていては権利を守ることはできない。

本章では、私が経験した事例をもとに、情報公開請求を受けた文書を開示しないため、公文書から外す脱法的な手口を詳細に見ていきたい。繰り返すが、これから紹介する事例の多くは「公文書スキャンダル」を受けてガイドラインが改定されて以降のものだ。いかに改まっていないか実感できることだろう。

†「不存在」の文書があった

役所が言う文書の「廃棄」「不存在」は怪しい――私がそう考えるようになったのは二〇年近く前のある経験からだ。私は当時、福井県敦賀《つるが》市で駐在記者をしていた。

敦賀市の中心部から東に五キロほど行った山あいに民間廃棄物処分場があった。ここは元々、日本原子力発電敦賀原発二号機（同市）の基礎工事に使う石を採った跡地だった。市内の民間業者が買い取って遮水シートを敷き、一九九七年に管理型の廃棄物処分場としてオープンした。当初の容量は六・三万立方メートル、その後一一万立方メートルまで認められた。

敦賀は日本海に面した北陸の港町で、近畿、中京圏と高速道路で直結しており、交通の便が良いこともあって全国から廃棄物が集まった。特に阪神・淡路大震災（一九九五年）で壊れた乗用車の解体ゴミ・シュレッダーダストや、処分場を持っていない全国の自治体から一般廃棄物の焼却灰が大量に持ち込まれた。二〇〇〇年六月に問題が発覚して搬入が停止するまでに、福井県の許可量の一〇倍を超える約一二〇万立方メートルの巨大なゴミ山ができあがった。

問題発覚後、福井県は二〇〇〇年九月に廃棄物処理法違反で業者を刑事告発した。これに対して、業者は県を相手取って民事訴訟を起こした。だが福井地検が二〇〇二年に業者を不起訴処分にすると、業者も訴訟を取り下げた。法的責任はうやむやになった。

業者は同年に事実上倒産した。処分場の近くには水源地があり、業者に代わって県や敦賀市が公費を投じて環境対策を取らざるを得なくなった。

一〇年近くも埋め立て超過に気づかなかった「過失」なのか、それとも知りながら黙認していた「不作為」なのか――焦点になったのは県による監督の実態だった。県はいったん黙認していたと認めたものの、その後は否認に転じるなど説明は二転三転した。市民オンブズマン福井は「業務日誌」や「監視指導状況」といった県の監督状況を記録した公文書を情報公開請求したが、すでに廃棄済みで不存在として開示されなかった。

二〇〇四年の冬、私は敦賀市議の今大地晴美さんと共に廃棄物問題に詳しい三重県内のベテラン弁護士を訪ねた。福井県の責任を追及していくためのアドバイスをもらうのが目的だった。二人でこれまでの経緯を説明すると、「不存在」という言葉が出た瞬間、ベテラン弁護士の目が光った。

「県警に刑事告訴までした事案で業務日誌を廃棄するなんてあり得ない。今も持っているに違いない」

とはいえ、市民オンブズマン福井と同じように再び情報公開請求しても同じ結果になってしまうだろう。そこでベテラン弁護士は二つの方法を教えてくれた。

一つは不起訴処分を下した福井地検敦賀支部での刑事確定記録の閲覧だった。ただ不起訴の事案だったこともあり、この方法では目当ての文書までたどり着けなかった。

もう一つは、業者から提訴された民事訴訟で福井県が提出した証拠資料を情報公開請求することだった。そして二ヵ月後に開示された公文書の中には、「不存在」のはずの一九九四年から二〇〇〇年度の業務日誌が含まれていた。福井県の担当者が当初、増設を前もって認めるかのような念書を渡してしまったことから、それを盾に取って強気に増設を要求する業者を抑えられず、容量超過を見て見ぬふりをする〝共犯者〟になっていく過程が、生々しいやりとりと共に残されていた。

二〇〇五年二月に記事を掲載した数日後、敦賀市内であったイベントの取材に行くと、当時の福井県知事の側近とされる人物が近づいてきて、私にこう耳打ちした。

「いい記事でしたね。あれがなぜ開示されたかわかりますか？　知事が代わったからですよ。知事が出すように言ったんですよ」

あまりの驚きで声が出なかった。最初の情報公開請求に対する「不存在」がウソだったことを自白したのだ。今になってみると、出したくない文書を出さざるを得なくなった悔し紛れだったのかもしれないとも思うが、役所が言う「廃棄済み」「不存在」は怪しいと知った瞬間だった。

†公文書と「個人メモ」の境界は

安倍晋三首相と親しい人物が理事長を務めていた学校法人加計学園による獣医学部新設問題、いわゆる「加計学園問題」では、萩生田光一官房副長官や内閣府の担当者らが首相の威光を盾に新設を認めるよう文部科学省に求めた協議の文書が、官僚個人の備忘録、「個人（私的）メモ」であり、公文書ではないと政府が言い張ったことに多くの国民が驚いた。いや、あまりの屁理屈に呆れ果てたというほうが正確だ。

この問題が表に出たきっかけはおそらく、文科省関係者から報道機関への文書の流出、いわば内部告発に近いものだろう。

行政の中立公正を守らんとする公僕としての高い使命感に敬意を表したい一方、意思決定過程の重要な文書を「公文書ではない」と言い張る傲慢ぶりに暗澹《あんたん》たる思いを抱いた。

役所の職員が職務時間中に作成した文書が公文書に当たらない、という屁理屈がどうやったら成り立つのか首を傾げる方も多いだろう。たしかに職員が自分の頭を整理するため書いたようなものまですべて「公文書だから残す」となると膨大な手間がかかり、行政運営を非効率にするという論理は理解できる。とはいえ、職員が職務時間中に作成した文書は他の人間に伝えるために書いたもので、原則としては公文書だろう。原則と例外を恣意的に使い分けるようでは行政の信頼性は成り立たない。

情報公開と公文書管理の両制度では、当該文書が組織的に用いられたかどうかを基準に公文書の該当性を判断する枠組みになっている。これを「組織的共用性」という。

きわめて簡単に言うと、複数の職員が使う（見る）文書は公文書にあたる、ということになる。だが、一般市民は当該の文書が複数の職員が使った（見た）文書かわかるはずがないし、それを立証するのは不可能に近い。そこで、請求者が不開示決定の取り消しを求める審査請求では、当該文書を作成したり、使ったりした職員の供述よりも、当該文書の体裁や中身、作成・使用された経緯といった外形的事実をもとに、組織的共用性の有無、ひいては公文書（行政文書）に当たるかが判断される。こうした場合は請求者の主張が認められる可能性が高い。そもそも請求者が何らかの（内部）情報をもとに当該文書を特定している時点で、複数の職員の手にわたった文書であることは確実で、「個人メモ」という主張が詭弁にすぎないことは明らかだ。

こうした不利は、役所の担当者も承知済みだろう。それでも彼らが「個人メモ」という使い古しの手口をやめないのは、請求者が不服の申し立てをせず、「言ったもの勝ち」で逃げ切った成功体験を積み重ねてきたからだろう。審査請求については第7章で詳述するが、情報公開と公文書管理を守るためにも、理不尽な不開示には徹底して争わなければならない。

私が過去に経験した中で、最も悪質な「個人メモ」と思うのが、原発避難計画の策定のため実施した避難所面積調査の集計表を「個人メモ」として不開示にした茨城県の事例だ。

この調査は、二〇一八年九月の県議会で「面積を過大算定している自治体がある」との指摘を受けて、茨城県が県内の市町村に文書で照会したもので、調査から二年が経っても結果を公表していなかった。

私はあるところでこの集計表を現認し、紙面化に先立ち集計表の数字を一つひとつ茨城県原子力安全対策課の担当者に確認した。そして「東海第2避難所　1・8万人不足／2018年時点／スペース過大算定」（二〇二一年一月三一日、毎日新聞朝刊）と報じた。茨城県原対課は二日後に記者会見を開き、報道内容を事実と認めた。

ところが、集計表を情報公開請求したところ、「当該文書は、作成していないため存在しない」として不開示決定が届いた。私は驚いて、再び原対課の担当者に連絡すると、「あれは以前の担当者が個人的に作成した個人メモで行政文書（公文書）にはあたらない」という、信じがたい説明が返ってきた。

少なくとも新旧の担当者間で引き継がれている文書であるのは間違いないし、そもそも県庁が市町村に文書照会した調査結果の集計表に組織共用性がないはずがない。仮に開示されても報道する価値がないことはわかっていたが、あえて審査請求を申し立てた。結果はもちろん私の主張が認められた。

†「保存期間一年未満」の文書

第二次安倍政権下で相次いだ「公文書スキャンダル」では、「保存期間一年未満の文書で廃棄済み」として、不開示にできる手口も明るみに出た。

安倍首相の政治信条を支持する学校法人森友学園への国有地の払い下げ問題、いわゆる「森友学園問題」では、近畿財務局と学園側の交渉記録が「保存期間一年未満」であることを理由に廃棄済みとされたことから「隠蔽」との批判が噴出した。

また陸上自衛隊のPKO派遣部隊による現地報告書、いわゆる「陸自PKO日報問題」では、フリージャーナリスト・布施祐仁さんの情報公開請求に対して、防衛省は当初「保存期間一年未満の文書で廃棄済み」として不開示にした。ところが野党の追及などをきっかけに、「再び探索したところ見つかった」として一転開示したことから、当初の不開示が「隠蔽」との疑念を招くことになった。

この「保存期間一年未満」とは何だろうか。

公文書管理法や公文書管理ガイドライン、公文書管理条例とは別に、役所にはそれぞれ文書管理に関する規則や規程があり、文書の種類によって保存期間が定められている。

中央省庁の規則や規程の大本であるガイドラインの「行政文書の保存期間基準」によると、保存期間「三〇年」は「法律の制定や改廃の経緯」「条約や国際約束の締結」など。「一〇年」は「関係行政機関の長で構成される会議」「複数の行政機関による申合せ」などだ。保存期間は他に「五年」「三年」がある。ごく簡単に言うと、どれにも該当しない文書が「一年未満」となる。つまり「一年未満」にして棄てたことにしても言い逃れが可能だった。もちろん、そもそも情報公開請求されなければ役所は対応を迫られなかったのだから、課題を可視化するうえで請求の意義は大きかったと評価すべきだろう。

一連の公文書スキャンダルの後、二〇一七年にガイドラインが改定され、「保存期間一年未満」とできる文書を制限する規定が盛り込まれた。その要件は以下の通りだ。

①別途、正本・原本が管理されている行政文書の写し
②定型的・日常的な業務連絡、日程表等
③出版物や公表物を編集した文書
④〇〇省の所掌事務に関する事実関係の問合せへの応答

⑤明白な誤り等の客観的な正確性の観点から利用に適さなくなった文書
⑥意思決定の途中段階で作成したもので、当該意思決定に与える影響がないものとして、長期間の保存を要しないと判断される文書
⑦保存期間表において、保存期間を一年未満と設定することが適当なものとして、業務単位で具体的に定められた文書

しかし、これで〝抜け穴〟が塞がったかと言えば、残念ながらそうとは言えない。ガイドラインの改定後に、私自身が「保存期間一年未満」が悪用された事例を経験した。

二〇一九年に内部情報をもとに原子力規制委員会の不透明な運営を追及した際、委員長と担当委員、さらに規制庁の幹部が顔を揃えて、規制方針を決定した「秘密会議」の配布資料を情報公開請求したところ、「廃棄済み」として不開示にされた。ところが、次に入手していた資料のタイトルを明記して再び情報公開請求したところ、一転して開示された。

私の取材に対して、規制庁の担当者は「職員間のメールに添付ファイルとして残っているのが見つかった」と釈明。「改定ガイドラインの⑥（意思決定に与える影響がないもの）にあたるので、保存期間一年未満の文書なので廃棄していたとしても問題はない」と開き直った。委員長や担当委員も出席した「御前会議」のプレゼン資料が意思決定に与える影響が

ない、はずがない。この事例からも、役所の言う「廃棄済み」はガイドライン改定後も疑わしいままで、「保存期間一年未満」が、公文書の開示を避ける「方便」、あるいは「隠蔽」と追及されないための言い逃れに悪用されている実態は変わっていない。

†決裁文書が付いたものだけが公文書？

公文書（行政文書）に当たらないとして、役所が不都合な文書を開示しない脱法的な手口は他にもまだある。「決裁文書が付いていなかったので公文書ではない」なんて、言い訳をする役所がいまだにあるので注意が必要だ。

決裁文書とは上司が確認（供覧）した後にハンコを押す欄があるペーパーで、役所内での承認手続きを経たことを示す〝表紙〟のようなものだろうか。

それなら、決裁文書が付いていないものは公文書と言えないのか。その答えはNOだ。

前述したように、情報公開法と公文書管理法では「行政機関の職員が職務上作成し、又は取得した文書、図画及び電磁的記録であって、当該行政機関の職員が組織的に用いるものとして、当該行政機関が保有しているものをいう」と行政文書（公文書）を定義している。決裁文書の有無などどこにも書かれていない。公文書の該当要件である「組織共用性」を、恣意的に狭く解釈するため決裁文書の有無をこじつけているだけだ。

決裁文書が付いていないことを理由（名目）に不開示とすることの問題点は、決裁文書の作成以前に必ず存在する経緯も含めた意思決定過程が丸ごと「なかったもの」として隠されてしまうことにある。

公文書管理法では「経緯も含めた意思決定に至る過程」を合理的に跡付け、または検証できるよう文書を作成しなければならないと規定されている。「意思決定過程」だけでも通じそうなところ、あえて「経緯も含めた」と重ねた意味を踏まえれば、上司が確認した決定済みの文書だけではなく、決定に至るまでの文書も公文書であるのは明らかだ。

残念ながら、ガイドライン改定後も、この基本的な原則を守らない省庁がある。東京電力福島第一原発事故後に発足した原子力規制委員会だ。

電力会社との癒着が影響して事故を防げなかった反省から、規制委は発足時に独立性と透明性を組織の理念に掲げた。その実践として、毎週水曜日に開かれる公開会合ですべての意思決定をすることをアピールしてきた。

だが、それは真実ではなかった。二〇一八年一二月六日にあった秘密会議の録音と配布資料が私の元にもたらされた。この場で運転を停止させずに火山灰対策を関西電力にさせる方針を決定していた。

秘密会議の六日後にあった公開会合でこの方針が表に出て正式決定されるまでの意思決

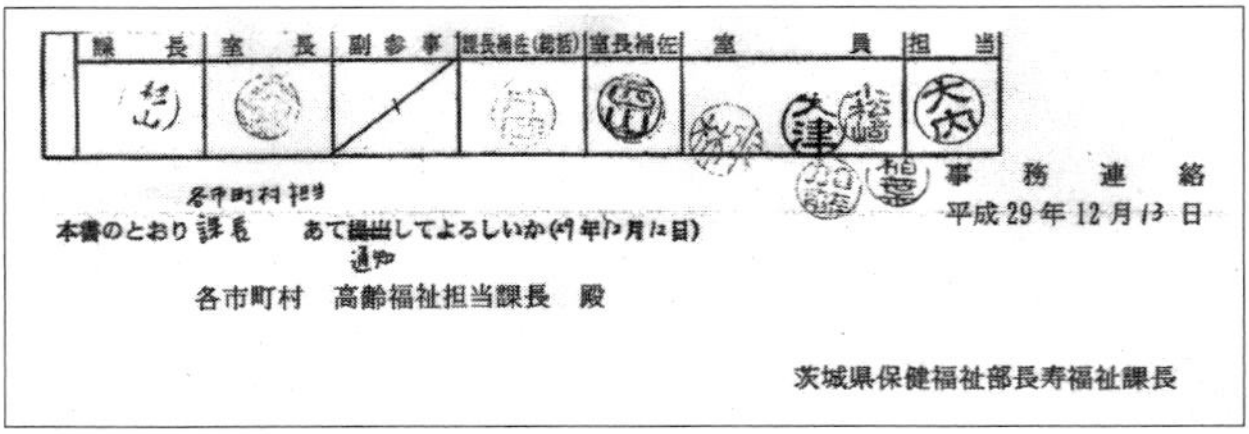

課長	室長	副参事	課長補佐(総括)	室長補佐	室員	担当

事務連絡
平成29年12月13日

本書のとおり各市町村担当課長あて通知してよろしいか(29年12月12日)

各市町村　高齢福祉担当課長　殿

茨城県保健福祉部長寿福祉課長

確認済みであることを示す印鑑を押す欄が並ぶ決裁文書

定過程を記録した公文書を開示するよう情報公開請求した。もちろん秘密会議の存在をつかんでいることは伝えなかった。

約一カ月後に開示されたのは、公開会合の二日前に起案された決裁文書が付いた発表資料だけで、複数の選択肢が含まれた秘密会議の配布資料は開示されなかった。決裁文書を付けて起案する前に行われた「秘密会議」は意思決定過程ではない、と判断したことになる。ただし、それはバレた後の苦しい言い訳でしかない。真相は公開会合ですべての方針を決定している、というアピールと矛盾する「秘密会議」を隠したかっただけだ。

†「決裁文書がないから不開示」

規制委よりも露骨に、決裁文書が付いていないことを理由に不開示にしてきたのが茨城県原子力安全対策課だ。

日本原子力発電東海第二原発（茨城県東海村）の事故に備えた避難計画の取材で、私は二〇二〇年九月、茨城県が二〇一三年に原発三〇キロ圏外の市町村を対象に実施した避難所面積調査の資料を情報公開請求した。

請求時から見て七年も前の資料で、仮に保存期間が五年とすると、すでに廃棄されている可能性もある。ただ、東海第二原発の避難計画はいまだ完成していない。それなのに重要な基礎資料となる調査結果を廃棄するのはおかしい。

茨城県原対課が県内の各市町村に送った照会文はすでに入手済みで、市町村から提出された回答を基に避難所ごとの面積をまとめた一覧表も内閣府から開示されている（おそらく茨城県が提出したもの）。もし茨城県から調査資料が開示されなくても報道にはさほどの支障はない。それでも計画の基礎資料を残しているのか確かめる意図もあって請求した。

請求から約二カ月後、茨城県から不開示決定通知が届いた。そこまでは想定通りだ。ところが通知の他に五枚の文書が同封されていた。うち一枚は私宛ての「事務連絡」と書いてあった。それは約一〇〇〇件の情報公開請求をしてきた私も過去に見たことのない奇妙な文書だった。


平素より本県の原子力防災行政については、ご理解、ご協力をいただきありがとうございます。

さて、令和二年九月八日付けで、「茨城県原子力安全対策課が平成二五年八月に県内市町村に対して、避難施設を示すよう求めた事務連絡および付属資料　また、各市町村からの回答を受け、同年一一月に各市町村の受入人数、割りふり人数を示した資料（電子メールを含む）」の行政文書開示請求を受けたため、過去の資料を探索したところ、開示請求されている文書の関連文書と思われる別添の文書が発見されたことから、ご参考までに資料提供させていただきます。〔傍点は引用者による〕

いったいどういうことなのか――意味をよく呑み込めないまま他の四枚に目を通した。それは茨城県原対課が平成二五（二〇一三）年に各市町村に宛てて送った照会文と、避難所ごとの面積データをまとめたエクセルシートの一部だった。これは私が情報公開請求した対象文書の一部だ。それが情報公開請求に対する開示ではなく、「関連文書」の提供として私の元に届いた。

原対課の担当者も当然、この四枚が請求対象の文書とわかっていたはずだが、この二カ月間、茨城県原対課から問い合わせはなかった。もし「こういう文書がありました。これが請求したものですか？」と聴かれていたら、私は間違いなく「それです。開示してください」と答えていただろう。

調査資料をすべて残していないのか、それとも、資料の中に含まれている不都合な文書を開示したくないため、このような奇策をとったのかはわからないが、いずれにしても情報公開制度を歪めるこんなやり方を認めるわけにはいかない。
二〇二〇年一二月一五日、茨城県庁で山崎剛原対課長に直接問いただした。

――関連文書の資料提供ということで四枚の文書が届きました。これは何でしょうか？
山崎課長「情報公開請求をもらって、担当から「こういう文書がありました」と報告があり、それなら出すしかないなとなりました。ところが（二〇一三年当時の）決裁文書が付いておらず、請求対象の文書だと確信が持てなかった」
――請求文書の一部とわかっていながらなぜ不存在？
山崎課長「ですから、決裁文書がなく請求があった文書かわからないので不開示だと。ただ関連はしているということで任意で提供しますとなった」
――請求文書の特定に関する問い合わせを私は受けていません。
原子力防災調整監「していないです」
――提供された文書は対象文書の一部です。例えば、この「県内避難所の状況」という文書ですが、これは見開きで右側にもう一枚あったはずです。
山崎課長「この四枚以外になかったんだろ？」

原子力防災調整監「うーん……」
課長補佐「ない……」
山崎課長「どっちかはっきりしろ！」
課長補佐「ないと思います……」
――この四枚は対象文書ということでいいですよね？
山崎課長「そうですね」
――本来は私に対して問い合わせたうえで開示すべきものだと思いませんか？
課長「いやいや、それが本当の文書かわからなかったから」
――請求対象の文書だと判断していたのに？
課長「担当者はね。私はそうは思わなかったので、私の不手際です。私のミスです」
不都合な文書が含まれているから開示せずに一部だけ情報提供した――とはさすがに言わないだろうとは見込んでいた。それでもまさか「決裁文書がないから請求対象の文書かわからなかった」などという、馬鹿げた言い訳を聞くとは想像していなかった。

†請求取り下げの要求には要注意

次は「ここまでやるのか!?」と私も驚いた、えげつない手口をいくつか紹介したい。皆さんも情報公開請求するようになると、経験するかもしれないので知っておいて損はないはずだ。

情報公開請求を役所に提出すると、数日後に役所の担当者から問い合わせの電話がかかってくる。請求文書を特定する「補正」と呼ばれる作業だ。役所内で文書を探索していくために前もって請求内容を正確に把握するのは不可欠なので、それ自体を否定するつもりはない。だが、特定の文書を請求対象から外すよう誘導されたり、暗に請求の取り下げを求められるようなこともあるので注意が必要だ。

私は情報公開請求した文書が開示を受けるよりも前か、あるいは開示と同時に公表されるという経験を何度かしている。

こうした場合はたいてい、役所の担当者から事前に連絡がある。「他の方からも情報公開請求があったので」「トップから指示があったので」と発表する理由を説明される。

新聞記者の立場からすると、こちらの取材が先行していたのに、発表によって報道が他社と同時になりかねないので、こうした発表は喜ばしいものではない。だが役所に情報公開を求める立場なので「そんな発表はしないでくれ」とも言えない。そんな弱みにつけ込むかのように、担当者はだいたいこんな提案をしてくる。

「請求された文書を発表するので、情報公開請求は取り下げませんか？」

そもそも私に請求を取り下げさせることが目的では？と疑いたくなるような発表に最近直面した。

原発事故で防災対象範囲の三〇キロ圏を出る際、道府県の職員が身体や車の汚染を調べる「避難退域時検査」（通称・スクリーニング検査）を行う。その具体的なやり方をまとめた「手引き」を国が作っているのを知り、私は二〇二三年二月、内閣府原子力防災に電話で問い合わせたうえで情報公開請求した。

数日後、内閣府原子力防災の担当者から私に電話があった。

「情報公開請求いただいた手引きをホームページにアップしましたのでご確認ください。同じものが開示されることになりますが、請求はどうしましょうか？」

暗に請求を取り下げるよう求められた。あまりの素早い対応に驚き、つい応じてしまいそうになったが、「何か裏があるのでは」と考え、いったん答えを留保することにした。

内閣府原子力防災のホームページにアップされた「手引き」をさっそく見てみた。検査会場の設営方法から避難者や車の放射線量を測定するモニタの設置方法などを、多くの写真や図表を使って示しているだけの内容で、特段隠す必要があるものには思えなかった。だが、長年にわたって情報公開請求をめぐる激しい駆け引きを続けてきた経験から、役所が親切心で公表したとは思えなかった。何か他に開示したくないものがあるのではないか。内閣府原子力防災担当がこの手引きを自治体に送付した際、自治体の担当者に宛てた案内文を同封していたはずだ。しかしホームページにはそれが載っていない。

——ホームページを見ました。自治体の担当者に宛てた案内文が載っていませんでしたが、これは付いていなかったのでしょうか?

「どうでしょうか……ちょっとよくわかりません」

——案内文なしに冊子だけを自治体に送りつけたりするものでしょうか?

「……」

——案内文も開示してほしいので情報公開請求は取り下げません。

「承知しました」

約一カ月後、ホームページにアップされている手引きと合わせて、「避難退域時検査等における資機材の展開及び運用の手引きの送付について」と題した一枚の案内文が開示された。末尾の一文を読んで、彼らが開示したくなかったのはこれではないかと推し量った。「ご意見やご質問等につきましては、「原子力災害時における避難退域時検査及び簡易除染マニュアル（案）」の説明会や道府県会議等でお願いいたします」

これを開示すれば、更なる情報公開請求を招きかねないと懸念したのではないか。もちろん私はすぐに、説明会や道府県会議の議事録や配布資料を情報公開請求した。私の推理が合っているかはまだわからない。少なくとも内閣府原子力防災の素早い反応を見て、一通の情報公開請求が役所に与えるプレッシャーの大きさをあらためて実感した。

†特例延長について

情報公開法において、請求を受けた役所は三〇日以内に開示や不開示などの決定をしなければならず、事務処理上の困難あるいは正当な理由がある場合はさらに三〇日まで延長できることが規定されている（第十条）。地方自治体の情報公開条例では、決定期限は一五日前後で、さらに四五日ほど延長できると規定しているところが多い。

厄介な原発行政をターゲットにしているせいか、私の経験では延長なく開示（不開示）されることは少ない。感覚的には一割にも満たないように思う。わずか一枚の通知文を情報公開請求したのに、延長されるという経験もざらで、「一枚の文書を開示するのにどんな事務処理上の困難があるのか……」と嘆息することもしばしばだ。

しかし恐ろしいことに、決定までに六〇日以上かけることを認める特例規定がある。

開示請求に係る行政文書が著しく大量であるため、開示請求があった日から六〇日以内にそのすべてについて開示決定等をすることにより事務の遂行に著しい支障が生じるおそれがある場合には、前条の規定にかかわらず、行政機関の長は、開示請求に係る行政文書のうちの相当の部分につき当該期間内に開示決定等をし、残りの行政文書については相当の期間内に開示決定等をすれば足りる。この場合において、行政機関の長は、同条第一項に規定する期間内に、開示請求者に対し、次に掲げる事項を書面により通知しなければならない。

一　本条を適用する旨及びその理由

二　残りの行政文書について開示決定等をする期限

（情報公開法第十一条）

正確に数えたことはないが、この「特例延長」をくらった経験は過去に一〇回ほどだろうか。仮にこれまで一〇〇〇件の情報公開請求をしていたとして、このうち特例延長は約一％という計算になる。ちなみに総務省が行っている「情報公開法施行状況調査」（二〇二二年度）によると、開示決定等を行った一七万八三八六件のうち、延長せず三〇日以内に決定したものが一六万七六三件（九〇・一％）、三〇日延長したものが一万二二六四件（六・九％）で、特例延長は四九七九件（二・八％）となっている。

それでは私が最近経験した特例延長の実例を見てみよう。まだ当該の文書が開示されていないため、少々ぼんやりした書き方になってしまうのを許していただきたい。

二〇二二年一〇月、東京電力福島第一原発事故の「収束宣言」（二〇一一年一二月一六日）に先立ち、細野豪志原発事故担当相（当時）が放射線の専門家たちを集めて行った非公開会議の資料を内閣官房に情報公開請求した。請求時ですでに一一年が過ぎていたが、事案の重要性を考えると廃棄したとは思えず今も保存されていると睨んだ。

約一ヵ月後、内閣官房から特例延長の通知が私の元に届いた。たった一回の会議資料が特例延長されるのは初めての経験だ。思わず「ウソだろ……」と口走った。

通知には「令和４（２０２２）年12月23日までに可能な部分について開示決定等をし、残りの行政文書については次に記載する期限までに開示決定等をする予定です。令和５（２０２３）年10月23日」と書かれていた。

約一ヵ月後、「御出席者一覧（五十音順）」というタイトル以外はすべて黒塗り（不開示）

された文書が先に一枚だけ開示された。

黒塗りの理由は「個人情報で特定個人を識別できるものであるため」「非公開を前提としたもので、公にすることで率直な意見の交換が不当に損なわれるおそれがあるため」「非公開を前提としたもので、公にすることで関係者との間の信頼関係が損なわれ、国の事務の適正な遂行に支障を及ぼすおそれがあるため」と記されていた。このあり様では、残る議事録や配布資料も全面黒塗りの「のり弁」になるのが容易に想像できる。法律に定められた物理的な事務作業量とは関係なく、請求を諦めさせるため恣意的に特例延長を適用した疑いが拭えない。もちろん、すぐに審査請求を申し立てた。

†期限の定めがない特例延長

ところで、この特例延長には期限の定めがない。情報公開制度のバイブルとも言える宇賀克也『新・情報公開法の逐条解説［第8版］』（有斐閣、二〇一八年）を読むと、「先行的に「相当の部分」の開示を受けて、「残りの行政文書」の開示を求める必要性がなくなる場合も考えられるほか、「残りの行政文書」の一部についてのみ開示を求めることも考えられるため、「相当の部分」の開示を行ったのち、「残りの行政文書」の開示が必要かについて、請求者に照会することも運用上考慮すべきだろう」と指摘している。つまり、特例延長の適用後も請求者が求めている文書から先に開示するなど、請求者の意向に沿って、求める文書からできるだけ早く出すよう役所に求めている。

だが、前述した内閣官房の対応を見る限り、現実はまるで逆だ。請求者ひいては国民に対する配慮など皆無で、むしろ諦めさせようとしているとしか思えない。

これは原発行政に加えて、政権中枢の内閣官房ゆえの厚い壁なのだろうか——そんな疑問を抱いていろいろと調べていると、興味深い過去のニュースを見つけた。『NHK政治マガジン』二〇二〇年七月三一日付の記事「防衛省の情報公開 開示の決定期限延長が長期化」（https://www.nhk.or.jp/politics/articles/lastweek/42648.html〔二〇二三年八月二九日閲覧〕）である。

二〇一八年度以降、防衛省では特例延長の期限が長く設定されており、中には九年以上という常識的にあり得ない期限が設定されたケースもあったというのだ。

記事によると、過去五年間（二〇一五〜一九年度）

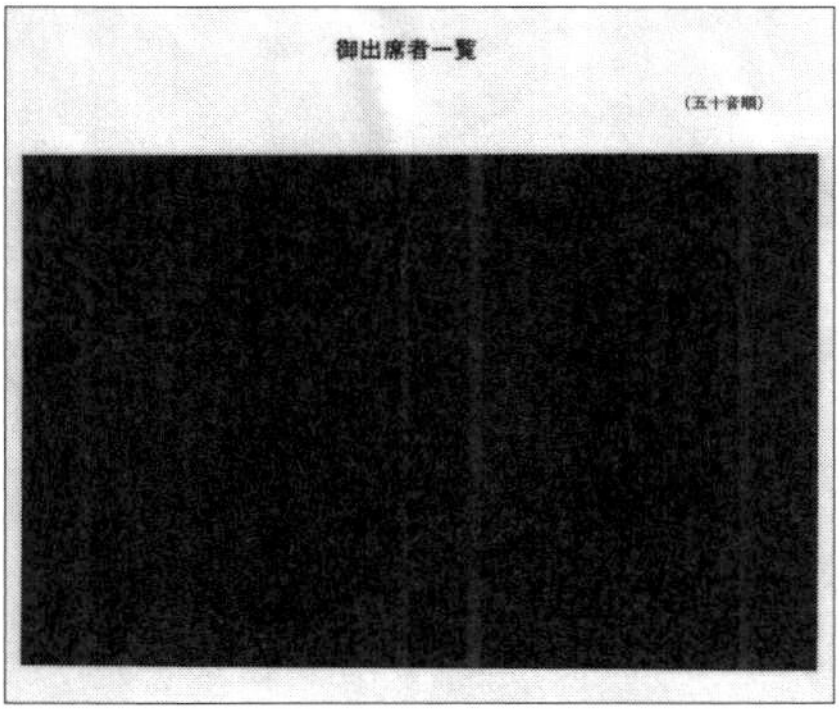
御出席者一覧

（五十音順）

[redacted]

特例延長の通知から１カ月後に内閣官房から開示されたのは出席者一覧１枚だけ。しかもほぼ全面黒塗りに防衛省本省が受け付けた情報公開請求を調べたところ、特例延長が適用されたのは計二五二八件。二〇一五～一七年度の三年間は最も長くて「三年以上四年未満」だったが、二〇一八年度以降は「四年以上」のケースが増えて二年間で計九四件に上り、中には「九年以上一〇年未満」のケースも四件あったと報じている。NPO法人「情報公開クリアリングハウス」の三木由希子理事長は「請求者の側からすると、(情報公開)制度が機能していないと受け取らざるをえない。長期化の傾向は防衛省に限らずある」とコメントを寄せている。

記事では触れていないが、二〇一七年に吹き荒れた一連の「公文書スキャンダル」が特例延長の長期化に影響しているのは間違いないだろう。情報公開請求に対する役所の陰湿な警戒心の表れと言ってもいいかもしれない。こんな理不尽な報復をもちろん認めるわけにいかないが、声を上げるためにはまず実態を可視化しなければならない。

この記事を書いたNHKの記者はおそらく、請求者から最近の変化を聞き、開示請求受付管理簿を防衛省に情報公開請求したのだろう。私も過去にこの文書を環境省に請求した経験がある。役所は毎年度、受け付けた情報公開請求について対応状況をまとめた一覧表を作成している。運用実態の変化を可視化した素晴らしい報道だ。

ガイドライン改定といった制度変更だけでは、役人はすぐに対策を考えついてしまい、また「元の木阿弥」になってしまう。実践を積み重ねて仏に魂を入れ続けていくしかない。

第５章

請求テクニック

――目的の情報にたどり着くために

本章では役所の防衛線を突破して目的の情報にたどり着くための経験知やテクニックを伝えたい。

†議事録は一つではない

これまでに非公開会議の議事録を開示させる意義を繰り返し言及してきた。出席者は非公開だから口にできる本音がある一方で、経緯を含めた意思決定過程の記録は文書にして残さなければならないのが公文書管理の基本原則だ。明らかにしたくないが残さなければならない、という根源的な矛盾を内包しているのが非公開会議の議事録と言える。

役所が作成する「議事録」の形態は一様ではない。会議中に出席者が発したすべての言葉を残す「逐語録」から、出席者それぞれの発言の趣旨を収めた「議事要旨」、発言者を記さず議題と主だった意見だけを紹介する「議事概要」までさまざまだ。こうした議事録の使い分けについて解説している公文書を読んだことはないが、役所の担当者が意図して使い分けているのは間違いない。

国の「公文書ガイドライン（行政文書の管理に関するガイドライン）」では、審議会や懇談会の議事録について「当該行政機関における経緯も含めた意思決定に至る過程並びに当該行政機関の事務及び事業の実績を合理的に跡付け、又は検証することができるよう、開催日

4．議　題
（1）避難計画の充実化について
（2）今後の進め方について
（3）その他

5．概　要
（1）避難計画の充実化について
○内閣府から、東海第二地域の緊急時対応を取りまとめるに当たっての参考として、既に策定されている「泊地域の緊急時対応」及び「伊方地域の緊急時対応」について説明を行った。
○資源エネルギー庁から、原子力防災に資する取組や、内閣府旧現地支援チームによる自治体支援に関する説明を行った。

内閣府がホームページ上で公表している議事概要。発言者や意見はなく、議題さえまともに明らかにしていない

時、開催場所、出席者、議題、発言者及び発言内容を記載した議事の記録を作成するものとする」と明記されている。この規定に従えば、発言者を記していない「議事概要」は議事録の要件を充たしていない。ところが役所はこんなスカスカな議事概要に限ってホームページ上で公表する。

担当者に指摘すると、おそらくこんな反論が返ってくる。

「この会議は意思決定過程に当たりません。だから発言者を書いていなくても公文書ガイドラインには抵触しません」

不都合な情報を合法的に隠せる〝抜け穴〟は塞ぎ切れていないのだ。

ところで、同一の役所の関係職員が集まる庁内会議や、役所の担当者が外部の有識者を集めて行うような会議なら、議事録は当該の役所しか作成していない。

だが、複数の役所から担当者が集まる会議であれば、出席者たちは終了後にそれぞれの役所に戻って会議内容をまとめた復命書を作成し、上司に提出しているはずだ。この復命書は当然組織的共用性がある公文書だ。また、出席者が持ち帰った会議の配布資料も、職務上取得したものだからやはり公文書だ。

つまり複数の役所から担当者が集まった会議であれば、主催の役所だけではなく、担当者が出席した他の役所に対しても議事録（復命書）や配布資料を情報公開請求できる。

だが、会議の主催ではない役所に復命書や配布資料を情報公開請求しようとすると、こんなふうに難色を示されるかもしれない。

「たしかにうちも会議に出ましたが、できれば主催した○○県に請求してもらえないでしょうか……」

担当者が困っているからといって遠慮する必要はない。彼らは面倒な仕事を増やしたくないだけで、実際には請求を拒否できる理由がないから難色を示すことで諦めさせようとしているだけだ。

担当者は請求を受け付けた後にしなければならない面倒な作業を思い浮かべているはずだ。「課長に相談して、これは市長判断になりそうだな……。県の△△課に意見照会しないといけないけど、嫌がるだろうなあ……。なんで主催でもないうちがこんな面倒なことをしないといけないんだ」と。

ちなみに開示・不開示の判断に関して役所間での意見照会を義務付ける規定はない。こうした意見照会は「うちが（説明）責任を負いたくない」「判断はそちらでしてほしい」という、責任の押し付け合いでしかない。

一方で、中には当該の政策に慎重な姿勢を持ち、むしろ情報を広く公開したい役所もあるかもしれない。だが主催者ではないので自ら発表はしにくい。そうした役所にとって、情報公開請求は〝助け舟〟にもなり得る。

「はじめに」で書いた通り、日本原子力発電東海第二原発（茨城県東海村）の避難計画のため内閣府原子力防災担当が開催している原子力防災協議会作業部会について、茨城県内の市民団体が復命書と配布資料を県内の市町村に情報公開請求した。

市町村によって開示範囲に大きな開きがあった。

出席者が書いた復命書はおろか、国や茨城県が作成した配布資料さえも開示しない市町村もあった（本当に保有していないなら、どうやって避難計画を策定しているのだろうか？）一方で、国や茨城県の担当者が会議の中で吐露した〝愚痴〟めいた発言まで詳細に書きとめた復命書を開示した市町村もあった。こうした復命書で見つけた興味深い発言を一部紹介したい。同一の会議の議事録を多くの役所に情報公開請求する意義が伝わると思うからだ。

【内閣府　○○〔復命書では実名〕】②については、稼働していないプラント〔原子炉〕だと正直あまり危険はない。今の使用済み燃料は五～六年冷やしているので、一カ月位は冷却できなくなっても大丈夫かと思う〔国や茨城県は公には「再稼働していなくても使用済み核燃料はリスクがあるので避難計画が必要」と強調している〕。

【内閣府　××〔復命書では実名〕】五キロメートル、三〇キロメートルというのは、原子力規制委員会が決めた国の決め事。よって、国が五キロメートル、三〇キロメートルと決めたなら、役人としてはそれに従うのみ。我々も悩んでいる。防災は、一〇〇人いて一〇〇人が納得する答えはない。プラントはだいぶ頑丈にできているので大丈夫であるとは思うが、そう言ってしまっては事務方としてはまずい。ゼロリスクを肯定してしまうことになる。

【資料3に関する△△地域原子力防災推進官からの補足】

広域避難計画を時間をかけて作りこんでいく。そのステップが大事であるのに、霞が関ではそのことを理解されない。上司からは「突飛なことを考えず、避難経路を決めていけばいい」と言われる。バス確保についても「後でいいだろう。よその地域で整理した内容でやっていけばよい」と言われたので、サラリーマンなのでやるしかないと思った。

広域避難計画の検討の深化に向けて（内閣府説明）
・避難先、避難経路、市民をどのように避難させるのか、この三点が記載されていれば、広域避難計画は策定できる。
・実効性ある避難計画とは、（東海第二原発三〇キロ圏内の）一四市町村が策定する広域避難計画及び国の広域避難計画に基づいて国が策定する「東海第二地域の緊急時対応」と考えればよい。

†録音データも公文書

非公開会議の議事録を情報公開請求する際に意識しているのが、音声記録、いわゆる録音の存在だ。

情報公開法や（多くの）情報公開条例では「電磁的記録」も公文書（行政文書）にあたることが明記されている。会議で録音をしていないなど考えにくいので、当然録音も請求するわけなのだが、「保有していない」として開示しない役所がいまだに多い。

役所に限らず民間企業でも会議の議事録は作成する。作った経験のある人にはわかるだろうが、会議中に聞き書きしたメモだけで正確な議事録を作るのはかなり難しい。すべての発言を収めた逐語録ではない議事要旨であっても難しいだろう。つまり「録音していない」という役所の説明自体が怪しいのだ。もし本当に録音しておらず、まともな議事録を作っていないとしたら、経緯も含めた意思決定過程の記録を残しておらず、公文書管理制度を守っていないことになるが、ここにもまた〝抜け穴〟がある。

それは会議が意思決定過程にあたらず、（適正な）議事録や録音は必要ないという理屈だ。もし録音が存在するという事実をあらかじめつかんだうえで請求したとしても、今度は「録音は議事録作成の手控え（個人メモ）のようなもので公文書にあたらない」と言って不開示にしてくるかもしれない。とにかく録音を開示したくないのだ。

だが、こんな悪あがきを認めてはいけない。こうした会議の録音は公文書にあたるという裁判例や審査会答申は積み上がっている。香川県土庄町議会の録音テープをめぐる行政訴訟で、最高裁は二〇〇四年一一月、議事録作成のために使う録音テープについて、役所が保管している限りは会議録と同様に公開の対象になるとの判断を示している。最近では、川崎市教育委員会が二〇一四年、教科書選定に関する審議を収めた録音データを「議事録作成のための補助的なもので開示対象にならない」として開示を拒否したうえ、異議申し立てを受けた後に消去したことが問題になった。川崎市情報公開審査会は「録音データは議事録とは独立した一つの公文書であると解される」と判断。さらに「録音データが公文書に該当するとの見解があることを知りながら、消去したことは非難されてしかるべき」と付言している。

文字起こしした議事録と録音はいずれも、会議中の発言を記録する役割であり、そもそも議事録を作成するためICレコーダーを作動させるのだから、録音は「職務上取得したもの」に間違いない。役所が録音を保有している限り、公文書該当性の三要件（①職務上作成あるいは取得、②組織共用、③現に保有）をすべて充たすことになり、録音は公文書ではない、という理屈はどう考えても成り立たない。そうすると、不開示に対して審査請求を申し立てられれば、情報公開審査会は不開示決定を取り消す答申を出すことになる。それをわかっていたからこそ、川崎市教委は録音データを消去したのだろう。

もし会議での発言の中に個人情報など不開示にあたる情報があるなら、黒塗りと同様にそこだけ音声処理すればいい。近年の録音はほとんどがICレコーダーによるデジタルデータで処理も容易だ。後述するが、汚染土を土木工事に再利用するため濃度基準の引き上げを検討した環境省のワーキング・グループの録音は、一部に「ピー」という電子音を被せる処理が施されたうえで開示された。

数々の判例や答申によって録音の公文書性はすでに固まっているにもかかわらず、役所が無駄な抵抗を止めないのは、会議の録音を公開してしまうと、非公開で会議をする意味がなくなってしまう、という一点に尽きるだろう。

「忌憚《きたん》なく意見を言ってもらうため」とか「生煮えの議論が表に出て混乱が生じるのを避けるため」――というのが非公開会議を正当化する役所の決まり文句だ。法律や条例が定める不開示理由で言えば、情報公開法五条五号のいわゆる「検討情報」にあたる。本当に公開で会議をしたら混乱が生じるかはさておき、「検討中」を理由に公開しないのなら、時間が経って段階が変わったら公開するのがスジだ。しかし役所は時間が経って段階が変わっても一切公開するつもりなどない。隠すために理由をこじつけただけの話だ。ところが録音の存在を知られて、請求されれば開示しなければならないとなれば、議論の中身はいずれ表に出てしまい、隠し通すことができなくなる。非公開で会議をする意味がなくなるのだ。だから録音の存在を知らせず、市民から気づかれないよう腐心している。

意思決定過程を透明にするよう迫るためにも、録音を積極的に情報公開請求し、開示されなければ審査請求もしてほしい。隠蔽を防ぐ正攻法は情報公開請求という市民自身による「権利」の行使しかないのだ。

†電子メールも公文書

録音データと同様、電子メールも「電磁的記録」で公文書にあたる。これも情報公開請求しないのはもったいない。私がしばしば使う方法は、中央省庁が自治体に送った調査照会や通知、あるいは自治体からの返答などの文書を情報公開請求するのと合わせて、そうした文書を添付したメールも請求することだ。

照会や通知など役所間で交わす文書は、その多くがメールに添付して送られる。前章で触れた避難退域時検査の手引きに同封された案内文のように、当該の文書には書かれていない事務的な情報がメールに記載されており、それが手がかりになることもある。

役所も照会や通知を添付したメールを「作成していない」とは言いにくい。もし存在を否定してしまうと、それならどのように送ったのか説明を求められ、さらなるウソを重ねなければならなくなる。

複数の担当者間でやり取りされるため組織共用性も明らかで、情報公開請求すると高い確率で開示される。こうしたメールに秘密情報や、普段は聞けないような本音が書かれている、とまでは期待できないが、相手の担当者に宛てた具体的なメッセージやアドバイスが書かれていたり、メールの送付先によって文書の配布範囲がわかるなど、意思決定過程の解明に役立つ情報が含まれていることもある。

電子メールは複数の人間をつなぐ情報伝達の手段だ。部署や職員に付与された公式アドレスから出した電子メールは、完全にプライベートなものを除いて基本的に公文書の要件を充たしている。そのため役所は「組織共用性」を恣意的に狭く解釈することで電子メールを不開示にしようとする。

役所内の電子メールが公文書にあたるかが焦点となった有名な訴訟がある。大阪市は橋下徹氏が市長だった当時（二〇一二～一五年）、庁内で交わされた電子メールのうち、公用PCの共有フォルダで保有しているなど一定の要件を充たすものだけを「公文書」としていた。これに対して、大阪の弁護士がそれ以外の電子メールを不開示としたのは違法として大阪地裁に提訴した。

二審・大阪高裁判決（二〇一七年九月）は「職務命令のメールを必ず共有フォルダに移しているかは疑問がある。廃棄されていないとすれば組織において業務上必要なものとして利用又は保存されている状態にあると言える」として不開示を違法と判断した。大阪市は判決を不服として上告したが、最高裁は翌年一一月に上告を退け、市の敗訴が確定している。

共有フォルダに移さなければ公文書にならない——という、役所の裁量でどうにでもできる運用基準は司法から否定された。ただ、大阪高裁判決も職務に関してやりとりしたすべての電子メールは公文書にあたる、とまでは言っていない。それもあって、電子メールの開示をめぐる役所の運用は今も不透明な状態が続いている。やみくもに電子メールを情報公開しても、役所はそんなに親切ではない。「不存在」とする不開示決定が返ってくるばかりで成果は得られないだろう。役所間で何らかの文書が送られ、具体的なやりとりも明らかになっているなど、役所が電子メールの存在を否定できない程度まで請求者の側で事実を絞り込んでいなければ、不存在の壁を突破するのは難しい。

それでも電子メールの開示を求める意義は大きい。開示された電子メールの文面から、役所の本音が見えることも多いからだ。

第4章で、原子力規制委員会の「秘密会議」の配布資料を情報公開請求した際、一回目は「廃棄済み」で開示されなかったのに、文書のタイトルを明記して再度請求したところ一転開示された事例を紹介した。

二回目の請求直後、関係者から「(規制)庁内が混乱している」との情報が寄せられた。請求書に資料のタイトルが書いてあるのだから、役所から見れば請求者はすでに資料を入手しているか、少なくとも現認しており、「秘密会議」の存在も知られている可能性が高い。言葉は悪いが、一回目の請求は、わざと隠蔽させるための罠で、まんまと引っ掛かったことになる。「隠蔽」との批判をかわし、どうやって「秘密会議」を正当化するか、言い逃れに頭を悩ませているというのだ。

規制庁内の混乱ぶりを可視化するため、情報公開請求に対応するため職員たちの間で交わされた電子メールを情報公開請求した。

約二カ月後、約四〇通の電子メールが開示された。

そこでは職員間の電子メールによって共有された会議の配布資料が公文書に当たるかどうか議論が交わされていた。

法務部門の職員は「Nドライブ等に下記に該当する文書を格納しているか、もしくは行政文書ファイルに紙媒体で編綴《へんてつ》するなど行政文書としての取扱いを現在もしていれば、本件開示請求の開示対象ということになります」とする見解を示した。

「Nドライブ」とは公用PCの共有フォルダと推察された（取材に対して規制庁広報課は明確に答えなかった）。つまり、彼の見解は共有フォルダに移した電子メールだけを公文書とする大阪市方式と同じことになる。

これに対して、検察庁から出向していた法規部門の職員（検事）が遠回しに反論した。

「共有のメールデータとして保存されていた場合に行政文書ではないという整理が従来の当委員会の解釈運用と整合するか等について、検討が必要になるのではないかと思われる」

彼は大阪市方式を否定した判決を知っていたのかもしれない。「共有フォルダに移していないメールは公文書ではない」として再び不開示にすれば、審査請求あるいは行政訴訟を起こされ、審査会や法廷で「秘密会議」の存在が問われかねない。結局のところ、規制委が掲げる透明性の虚構を守ろうとする姿勢に変わりはあるまい。いかに電子メールと添付文書を不開示にできないか腐心する官僚たちの実態を、電子メール上の文言を通して目撃する貴重な体験になった。

独立行政法人にも情報公開請求できる

国の省庁や自治体だけではなく、独立行政法人（独法）に対しても法律に基づき情報公開請求ができる。

総務省のまとめによると、独立行政法人は二〇二二年一一月一四日現在で八七法人。「国民生活センター」「宇宙航空研究開発機構（JAXA）」「日本学生支援機構」「都市再生機構（UR）」など、ニュースやテレビCMでよく目にする実務機関のほか、「理化学研究所」「国立がん研究センター」「産業技術総合研究所」などの研究機関がある。

「独立行政法人等の保有する情報の公開に関する法律」（独立行政法人等情報公開法）は、省庁の情報公開法から遅れること一年半後の二〇〇二年一〇月に施行された。

請求できるのは、独法のほかに「外国人技能実習機構」「国立大学法人」「日本中央競馬会」「新関西国際空港株式会社」などの指定法人となっている。

ところで独立行政法人とは何だろう。「独立行政法人通則法」第二条第一項は以下のように定義している。

「独立行政法人」とは、国民生活及び社会経済の安定等の公共上の見地から確実に実施されることが必要な事務及び事業であって、国が自ら主体となって直接に実施する必要のないもののうち、民間の主体に委ねた場合には必ずしも実施されないおそれがあるもの又は一の主体に独占して行わせることが必要であるもの（以下この条において「公共上の事務等」という。）を効果的かつ効率的に行わせるため、中期目標管理法人、国立研究開発法人又は行政執行法人として、この法律及び個別法の定めるところにより設立される法人をいう。

公共性があり必要性も高いけれど、民間任せだと進まない事業を担う官製法人――とでも表現すればいいだろうか。実質的には、省庁の現業部門と言ったところか。かつては

「特殊法人」と呼ばれていた。行政の非効率化や役所の利益誘導を監視する必要があるとして法律に基づき情報公開制度が導入された。

役所の意思決定過程を解明するのに、なぜ独法への情報公開請求が必要になるのか——それは独法が調査の受託や会議の運営などさまざまな業務を役所から請け負い、意思決定過程に関与しているからだ。

東京電力福島第一原発事故後の除染作業で出た汚染土を土木工事に再利用しようと、環境省は二〇一六年一月に公開の有識者会議とは別に非公開のワーキンググループ（WG）を設置し、再利用の濃度基準を八〇〇〇ベクレルに緩和する方針を密かに検討していた。私は同年六月、独自に入手した議事要旨をもとにWGの存在を毎日新聞紙上で報じた。その後、入手済みであることを明かさずに議事録を環境省に情報公開請求した。しばらくして環境省の担当者から奇妙な連絡があった。「日野さんが請求した議事録ですが、他からも請求があったのでホームページ上で全部公表します」

その後、全部公表するというのになぜか開示期限が延長され、八月に入ってすぐ環境省のホームページに議事録がアップされた。

公表された議事録はいわゆる議事要旨で、独自に入手したものと同じものに見えた。ところが公表版を詳細に読みこんでみると、前後関係がつながらない個所をいくつか見つけた。独自に入手していた議事要旨と見比べてみると、いくつかの発言が削除されているのに気づいた。削られていたのは、濃度基準を八〇〇〇ベクレルに引き上げると年間一ミリシーベルトの被曝限度を超えてしまう懸念を示した環境省の担当課長の発言だった。もし超えるようなら、政策の正当性は失なわれる。公開の会議ではできない発言だった。

発言を確かめるには録音が必要だが、環境省に請求しても開示されないかもしれない。環境省はこのWGの運営を独立行政法人の「日本原子力研究開発機構(JAEA)」に業務委託しており、議事要旨もJAEAが作成していたからだ。「ダメ元」でJAEAに電話をかけると、運良く担当者に直接つながった。

――あなたもWGに出席しましたか?

「はい」

――あなたが議事録(議事要旨)を作成しましたか?

「えーと、はい。別の職員が作成したものを私のほうでとりまとめたことはあった」

――この議事録は録音を基に作ったものでしょうか?

「そうだと思う」

録音はある。独立行政法人情報公開法に基づき、すぐにＷＧの録音をＪＡＥＡに情報公開請求した。独立行政法人の請求手続きは、手数料三〇〇円を収入印紙ではなく現金（直接持参か口座振り込みなど）で納付する以外は省庁とほとんど変わらない。開示決定の期限（三〇日以内）と延長の期限（さらに三〇日以内）も同じで、不服申し立て（審査請求）も可能だ。

約二カ月後、七回の会議の模様を収めた計一七時間の録音が私の元に届いた。そこには不都合な発言を議事録に入れないよう求める課長の発言がばっちり残されていた。

「八〇〇〇（ベクレル）までいけますというのが非常にわかりやすいと思う。そこからシナリオ逆算したらいけないんだけど、議事録に残してもらったら困るんだけど、実質それで問題ないと思う」

†情報公開請求は挑戦状

情報公開請求をする際は、こちらの狙いや手の内を役所の担当者に悟られないよう心掛けている。これまで繰り返してきた通り、役所は基本的に決定事項だけを発表し、そこに至るまでの意思決定過程を明らかにしない。非公開の会議の議事録や調査の報告書を情報公開請求されると、役所の担当者は表向き冷静を装いつつ、内心は動揺していることだろう。面倒くさいとも思っているだろう。だから何が請求の狙いか探りを入れてきたり、ときには「発表するから」「提供するから」と暗に請求の取り下げを求めてきたりする。

神経質になっている担当者に対して、親切心から「この資料は持っているけど、その資料がないので請求したい」とか「こういう目的で請求している」なんて伝えてしまうと、「こんな程度しか情報を持っていないのか」と見抜かれたり、逆に「そんなに調べているのか」と警戒される恐れもある。そもそも情報公開請求は市民の正当な「権利」であって、役所の担当者に請求の狙いや手持ちの情報を教えなければいけない理由はない。

「○○検討会の議事録」「××調査の報告書」など具体的に文書を特定して情報公開請求するのが本来の請求方法だ。以前は「△△の方針決定までの資料一切」といった形で、文書を特定せずに投網を打つような大雑把な請求をよくやっていた。しかし、このやり方だと、対象となる文書の範囲を役所に委ねざるを得ない部分が大きく、欲しい文書(役所にとっては出したくない文書)ほど開示されないジレンマにたびたび直面した。

これでは心が折れてしまいかねないし、もし後になって「取りこぼし」がわかったとして、役所に抗議しても意味はなく、改めて請求する以外に方法はない。結局のところ、二度手間、三度手間になるだけなので、最近はこの請求方法をほとんど使わない。

ただ、あえて使う場合もある。前述した規制委の「秘密会議」のケースのように、役所が隠したい情報をあらかじめわかっていて、役所が出してこないと見込んで請求するような場合だ。「資料一切」という大雑把な請求で油断させ、役所に「隠蔽」させるよう仕向ける。言葉は悪いが、「おびき出し」作戦とでも言ったところか。独自に入手した「秘密資料」を素直に情報公開請求してしまうと、「こんなの秘密資料じゃありませんよ」という体で、しれっと開示されてしまう恐れがある。それでは、役所が隠したい資料であることを立証するハードルが上がりかねない。

一方、加計学園問題における菅義偉官房長官（当時）の「怪文書」発言が示すように、調査報道においては、独自に入手した秘密の資料が公文書であると証明しなければならない局面もある。そうした場合は文書のタイトルを明記し、対象の文書を特定して請求する以外に方法がない。だが、正直に手の内を明かし過ぎると、二の矢、三の矢がないと見抜かれて対象文書が開示されない恐れもあるから難しい。

情報公開請求とは、公文書をめぐる虚々実々の心理戦を告げる挑戦状だ。

†開示の決め手は気迫と見識

「頻繁に情報公開請求をしたら役所から嫌がられるのでは？」「「濫用」とか非難されたりしないだろうか？」と心配する人もいるかもしれない。「濫用的請求」をめぐっては、千葉県などが禁止する条文を新たに設けたほか、請求を繰り返して職員への面談を強要したとして、大阪市が請求者を相手取り民事訴訟を起こしたこともある。

情報公開法では「濫用的請求」に関する規定はなく、一般法理による判断とされる。請求は法律・条例にもとづく「権利」であるため、制限には極めて慎重でなければならない。過去の判例などで濫用的請求と認められたのは、請求を通じた特定の職員への面会強要のほか、同一文書の請求を繰り返したり、文書の開示を受けずに請求を繰り返すといった、嫌がらせか常軌を逸しているとしか判断できないケースや、他の請求方法でも目的が達成されるにもかかわらず請求者が拒絶したケースなどで、請求数が多いだけでは濫用的請求とされることはない。

もし役所から「あなたがしているのは濫用的請求だ」と非難された場合は、どの行為が濫用的請求に当たるのか具体的に説明を求めるといい。本書で紹介した通りに請求したのであれば濫用的請求に当たるはずはない。私はこれまで一〇〇〇件もの情報公開請求をしてきたが、「濫用的請求」と言われたことはない。ひるむことなく堂々と請求を続けてほしい。

ここまで説明してきた通り、役所は情報公開法や条例の条文を機械的に適用して開示範囲を決めているわけではない。意思決定過程を明らかにする姿勢はとぼしく、公開したくない文書は手を尽くして開示を拒むだろう。

法律や条例、規則やガイドラインといったルールがあっても、それを運用するのはルールを作った当の役人たちなのだから、「例外」を名目とした〝抜け穴〟が必ず用意されている。いくら制度を改定しても完全に塞がることはない。

情報公開と公文書管理という、役人にとってメリットのない仕事を誠実にさせることはとても難しい。だからと言って、「役人には敵わない」「何を言っても無駄だ」と諦めてしまっては、〝抜け穴〟は際限なく広がっていく。

そんな事態を防ぐには、市民一人ひとりの不断の努力が欠かせない。その唯一の正攻法が情報公開請求だ。こんな大事な「権利」を使わないままだと、民主主義の基盤はあっという間に壊されてしまうだろう。行きつく先は暗黒の専制国家しかない。

ここまで情報公開に関する経験知と請求テクニックを紹介してきた。しかし技術は単体では成り立たない。使いこなす人間の強い意志が伴ってこそ情報公開請求は迫力を増し、開示範囲は広がる。開示範囲を決めるものは、請求者の気迫と見識だと私は信じている。

第6章

黒塗りに隠されたもの

——役所の「痛点」を見つける

†黒塗りから透けて見える真意

年間一〇〇件もの情報公開請求をしていると、一見して不合理とわかる黒塗り（不開示）に直面することが多々ある。以前は「こんな酷い黒塗りは許せない」と腹を立てていたが、最近はむしろ「なるほど、ここを隠すということはこういう意図だろう」と、解明のヒントを得られた喜びさえ感じるようになった。

おそらく担当者は請求された文書を丸ごと不開示にしたかったはずだ。だが、そうしてしまうと、請求者を怒らせて情報公開審査会に持ち込まれてしまうかもしれない。そもそもが丸ごと不開示にするには無理がある文書だから、審査会で不開示を取り消される可能性もある。そこで担当者は次善の策として、「ここは出したくない」という部分を（できるだけ広く）黒塗りしようと考えたのだろう。もちろん黒塗りの理由はこじつけでしかない。「公にすると（不当に）混乱を生じさせるおそれがある」なんてどうにでも解釈できる。これで請求者が諦めてくれたら幸いだ――といったところだろうか。

一〇年近く前、原発避難者への住宅提供をめぐる説明用資料に黒塗りがされているのを見て仰天したことがある。

その前に原発避難者の住宅問題について少し説明しておきたい。

東京電力福島第一原発事故では当初、国の避難指示区域外から避難した「自主避難者」にも、アパート・マンションや公営住宅の空き部屋を借り上げた「みなし仮設住宅」が無償提供された。原発事故、そして避難など想定されていなかったことから、政府は当初、自然災害を想定した災害救助法に基づき、津波被災者と原発被災者、強制避難と自主避難に関係なく無償提供するしかなかった。

実際に部屋を借り上げて提供したのは、山形や首都圏から、遠くは関西や九州まで広がった避難先の自治体だった。だが、災害救助法では被災地の知事が責任者になることが規定されているため、福島県と政府の協議によって原発避難者への住宅提供に関する方針決定がなされるという、実態にそぐわない枠組みになった。

仮設住宅の供与（提供）期間は最長二年間で、その後は都道府県が国と協議のうえで必要に応じて一年ごとに延長する、というのが基本的なルールだったが、これは法令には規定がなく、あくまでも基礎のないプレハブの安全性確認が目的の内規にすぎない。自然災害ではなく原発事故で、しかも頑丈な集合住宅であるみなし仮設にこれを適用する合理性はない。しかし、政府と福島県は仮設住宅とみなし仮設を区別せず一律に一年ごとに延長するルールを崩さなかった。原発避難の実態に合わせた住宅提供の制度を新たに作ることはしなかったのだ。そのため、東電の賠償もわずかな自主避難者たちは「いつまでここに住めるのだろうか」と、提供打ち切りへの不安に怯えていた。

黒塗りされた避難者への説明用資料を見たのは二〇一四年のことだった。福島県避難者支援課は同年五月二八日、無償提供を二〇一五年度（二〇一六年三月末）まで延長する方針を発表したのに合わせて、「応急仮設住宅（民間借上げ）の供与期間延長に係るQ&A」という全四ページの文書を避難先の都道府県に送った。そこには避難者から問い合わせを受けた際に説明する内容が、担当者間の想定問答の形で書かれていた。

避難者に説明するための〝アンチョコ〟なのだから、本来は周知のためホームページ上で公表してもおかしくない。ところが全一〇項目の問答のうち六項目に黒塗りがされていた。黒塗り（不開示）の理由は「公にすると不当に県民等の間に混乱を生じさせるおそれがある」となっていた。

福島県に聞いても答えるはずがないので、この文書を送られた避難先の都道府県に問い合わせた。福島県がこんな文書を黒塗りしているなど想像もできなかったのだろう。ある県の担当者があっさりと黒塗りされた六項目を教えてくれた。

黒塗りされていた記述は以下の通りだった。

Q3：（提供期間を）平成28（2016）年3月末までとした趣旨は何か。

Ａ３：国の平成25年４月２日の通知を踏まえて県内の応急仮設については１年延長し、28年３月末までとしたところです。今後のさらなる延長は１年ごとに判断いたします。

Ｑ４：供与期間を１年延長だけにしなければいけないのか。

Ａ４：平成28年３月に合わせてください。

Ｑ５：供与期限をどのように定めればいいのか。

Ａ５：イメージ通り。

Ｑ７：平成28年４月以降の取扱いは。

Ａ７：本県の復興状況や避難者の状況を踏まえて判断いたします。

Ｑ８：供与期限の設定についてどう説明したらよいか。

Ａ８：福島県の方針によるものであることを説明してほしい。１年ごとに判断していく。

Ｑ９：年度末を期限にすると業務が集中する。

A9：変えられない。各都道府県の実情に合わせてほしい。

なんてことのない内容だった（だからこそ、ある県の担当者は電話で教えてくれたのだと思うが）。福島県がどうしてこんなことを黒塗りしたのか、理由が考えつかない。

A3にある「国の通知」とは復興庁、厚労省、国交省の連名で二〇一三年四月二日に各都道府県に送った「東日本大震災に係る応急仮設住宅の供与期間の延長について」という通知を指す。これはプレハブの仮設とみなし仮設を区別なく扱うよう指示したもの。内容自体は不合理だと思うが、基本的に公開資料である国の通知まで黒塗りする理由が想像つかない。

考えあぐねていたところ、とある都道府県の担当者が〝ヒント〟をくれた。

「あと一年間は延長するということでしょう。その後はわかりませんが」

なるほど、「一年ごとに判断する」と言うのだから、少なくともあと一年間については延長するかどうか検討するのだろう。役所の文法において、いったん検討すると言ったことを白紙撤回するとはまず考えられない。となると、少なくとも一年だけは延長するのだろう（実際に福島県は二〇一五年六月に一年間の延長と合わせて、二〇一七年三月末での自主避難者への提供打ち切りを発表した）。

問題はなぜこんなことを黒塗りしたかだった。

福島県がこれを見せたくない相手は自主避難者だろう。自主避難者が見たら、「ああ、あともう一年間は大丈夫なんだ」と少しほっとするに違いない。福島県はそれが嫌なのだろう。だとすれば、意図的に先行きを見せないことで不安をかき立て、自主的に退去するよう促している——ということになる。

報道するためには役所に裏取りしなければならない。二〇一五年二月下旬の雪がちらつく寒い日だった。福島県庁で野地誠避難者支援課長と対峙した。

——延長する可能性がある、というと、必ず延長すると思われるから黒塗りにしたのでしょうか？

「そういうことです。可能性があるなら延長する、と（自主避難者が）受け取るでしょう」

——延長すると自主避難者に知られたら何か不利益があるのでしょうか？ 延長するかわからないと思ってほしいということですか？

「その質問には答えようがない」

——福島県は（自主避難者を）早く退去させたいのではないかと疑っています。

「いろんな意見があることはわかっている」

†「知られたら勝手に避難されてしまう」

不合理な黒塗りから冷酷な真意が透けて見えた事例をもう一つ紹介したい。この国が福島の事故を経て、いかに自主避難を嫌がっているかがわかるだろう。

茨城県原子力安全対策課が市町村の防災担当者を集めて密かに行っていた原発避難計画の勉強会の議事録と配布資料が丸ごと不開示となり、私が審査請求を申し立てて二年がかりで入手したことは何度か紹介した。

ただ、茨城県情報公開・個人情報保護審査会の答申は不開示決定を取り消し、改めて文書ごとに開示、不開示を決定するよう県に求めたものだったため、入手した約八〇〇枚の資料にはまだ多くの黒塗りがされていた。

このうち最も不合理に思えたものが、二〇一八年七月一七日の勉強会で配布された「安定ヨウ素剤緊急配布場所方針（案）」というタイトルの文書だった。

タイトルの下に黒塗りが上下二ブロックに施され、その中間に下向きの大きな矢印（↓）があった。記述内容の変更を伝える趣旨の文書だと考えられた。黒塗り（不開示）の理由は「不確定な情報が公になれば不当に県民の間に混乱を生じさせる恐れがある」だった。

同じタイトルの文書が次の同年一〇月二六日の勉強会でも配布されていた。こちらには黒塗りがなく、どうやら完成版らしい。以下のように書かれていた。

東海第二地域における安定ヨウ素剤緊急配布場所は、小中学校、公民館、体育館、公園、コミュニティセンター、市町村庁舎など、避難経路上や、住民が避難の際に容易に立ち寄れる所を基本に選定するものとする。

また、医療機関や社会福祉施設等への分散備蓄の検討も可能とする。

安定ヨウ素剤を被曝直前に服用すれば、事故発生初期の中心的核種である放射性ヨウ素（ヨウ素131）が甲状腺に溜まり、がんを引き起こすのを防ぐ効果があるとされる。原子力規制委員会が事故後に策定した原子力災害対策指針（防災指針）では、事故が起きたら即時避難の原発五キロ圏（PAZ）の住民には安定ヨウ素剤を事前配布する一方、五〜三〇キロ圏（UPZ）の住民にはあらかじめ配布せず、屋内退避を経て一定線量を超えてから避難する際に配布（緊急時配布）する原則になっている。

茨城県がこの方針案を作ってからすでに四年が過ぎていたが、いまだ公表していなかった。それでは白紙撤回したのかと言えばそれも違うだろう。黒塗りのない二〇一八年一〇月の方針案に沿って、市町村はすでに配布場所を選定したか、あるいは現在も選定を進めていると推察された。

原発避難計画に関する重要な方針を事実上決めているのに四年も公表していない茨城県の不透明ぶりに驚くばかりだが、茨城県がこれを公表しない理由を私は薄々感づいていた。ある配布場所を不都合と見て方針案から削除したからだろうと。それが「避難退域時（スクリーニング）検査場所」だった。

実は茨城県内の市民団体が三〇キロ圏内の市町村から情報公開請求で入手した資料（はじめに、第5章参照）の中に、完成版以前の方針案が含まれていた。県が事前にメールで送っていたものだろう。そこには県から開示された完成版にはない記述があった。

（上記以外に想定される場所）

〇避難退域時検査場所（東海第二発電所から30㎞付近の市町村の配布場所として想定）

※なお、市町村の考え方に応じて、配布場所を変更・追加することは差し支えない。

「避難退域時（スクリーニング）検査」とは、原発から三〇キロ付近の避難経路上で、車や

安定ヨウ素剤緊急配布場所方針（案）

東海第二地域における安定ヨウ素剤緊急配布場所は，次の場所を基本に選定するものとする。

（自家用車により避難する場合）
〇小中学校，公民館，体育館，公園，コミュニティセンター，
市町村庁舎などの公的施設

（バス等により避難する場合）
〇一時集合場所

（上記以外に想定される場所）
〇避難退域時検査場所（東海第二発電所から 30 ㎞付近の市町村の配布場所として想定）

※　なお，市町村の考え方に応じて，配布場所を変更・追加することは差し支えない。

【安定ヨウ素剤の備蓄場所の選定に当たっての留意事項】
（1）保管場所の要件

資料 2

安定ヨウ素剤緊急配布場所方針（案）

東海第二地域における安定ヨウ素剤緊急配布場所は，小中学校，公民館，体育館，公園，コミュニティセンター，市町村庁舎など，避難経路上や，住民が避難の際に容易に立ち寄れる所を基本に選定するものとする。

また，医療機関や社会福祉施設等への分散備蓄の検討も可能とする。

【安定ヨウ素剤の備蓄場所の選定に当たっての留意事項】
（1）保管場所の要件

市町村から開示された以前の方針案（上）と茨城県から開示された完成版の方針案（下）。配布場所から「避難退域時検査場所」が消えている

避難者の汚染の有無を調べるものだ。ここで安定ヨウ素剤を配布することが住民に知られるとなぜ不都合なのか。

その答えも市町村から開示された出席者の復命書（上司への報告書）に書かれていた。

安定ヨウ素剤の緊急配布場所については、本日〔2018年10月26日のこと〕基本方針を決定した。

質疑

・配布もれについて、避難退域時検査場所に、県が保管する分を配布するような流れを作ってみては？

Ａ　県　その議論もあるが、それを公表してしまうとそっちに向かう人も出るのではと考えており、難しい。

つまり、原発から三〇キロ付近に設置する避難退域時検査場所でヨウ素剤を受け取れることが知られてしまうと、五〜三〇キロ圏（ＵＰＺ）の住民が屋内退避を守らずに〝勝手に〟避難を始めてしまうかもしれない。そう茨城県の担当者は危惧していたのだ。

原発避難計画の最大のネックは避難車両の集中による交通渋滞とされる。そのため五キロ圏（PAZ）の住民が避難を終えるまではUPZの住民が屋内退避することで、なんとかシミュレーションを成り立たせているのが実態だ。それなのに三〇キロ付近の避難退域時検査場所で安定ヨウ素剤が配布されるのを知られて、〝勝手な〟避難が防げないとなれば、シミュレーションさえ破綻しかねない。

私の「推理」は正しいのか？　二〇二三年四月、茨城県原対課の担当者に尋ねた。

——これは四年半も前の文書ですが、方針としてはまだ決定していないのでしょうか？

「まだ決定はしていないです」

——じゃあ、どういう扱いなんです？　白紙撤回したわけではないのでは？

「していないと思います……」

——市町村はこれに基づいて配布場所を選定しているのでは？

「していると思います……」

——それなら決定済みでは？

「あくまでも事務方が進めていくときのたたき台で……」

——たたき台として決定した？　よくわからない。

「すいません、わかりにくいかもしれないですけど、たたき台が決定したというイメージです」

――なぜ公表しないのか？

「市町村が配布場所を調整できたらになると思います」

――配布場所が決まってから配布場所を選ぶための方針を公表するというのは順番がおかしいのでは？

「まあ……」

――決定済みの方針案を黒塗りなく開示しているのに、それより三カ月前の文書を「不確定な情報で公にしたら混乱が生じる」といって不開示にするのはおかしいのでは？

「おっしゃりたいことはよくわかります……」

――この黒塗りは避難退域時検査場所ですよね？

「私の立場ではなんとも言えません……」

――質問を変えましょう。避難退域時検査場所では安定ヨウ素剤を配らないことになったのでしょうか？

「いえ、そうではありません。想定していないわけではなく、選択肢としては残っています」

――それなら、なぜ方針からわざわざ削ったのですか？

「それがだめということではなく、現段階としてはそこで配られるかは不明ということで……」

——避難退域時検査場所でも安定ヨウ素剤が配布される可能性を伏せたい理由は何ですか？

「市町村が要員の面でも困難かと……。たしかに逃げるときにそこ（スクリーニング場所）を通るので効率的なのかもしれないですが……、その言葉が（表に）出てしまうと、「避難退域時検査場所に行けばもらえる」って思われちゃうので」

——つまり、屋内退避を守らなくなる危険性があるから？

「それもあります……。まあ、渋滞の原因になるので……」

「一言で言えば、日本の原発行政は非人道的」——長く原発防災を研究してきた東京女子大学の広瀬弘忠名誉教授はそう喝破した。役所は政策の奥に潜む冷酷な真意を見抜かれないよう公文書を黒塗りする。この不合理な不開示についても、私は審査請求を申し立てた。本書執筆時点でまだ答申は出ていないが、茨城県情報公開・個人情報保護審査会が良識ある判断を下してくれるだろう。

†会議のマトリョーシカ人形

ここまで本書を読んでくれた方は、もしかして疑問を抱いたかもしれない。「はじめに」と第5章で、茨城県内の市民団体が市町村に復命書と配布資料を情報公開請求したのは、茨城県原子力安全対策課が主催する勉強会ではなく、内閣府原子力防災担当が主催する「東海第二地域原子力防災協議会作業部会」と書いたからだ。なぜ茨城県の勉強会の復命書や配布資料が市町村から市民団体に開示されたのだろうかと。

本章の趣旨とはずれるが、情報公開請求を地道に続けていくと、こんな思わぬ成果が転がり込むこともあるので、紹介したい。

全国の原発三〇キロ圏内の自治体が策定する避難計画(緊急時対応)は最終的に、国の「原子力防災会議」(議長＝首相)で了承を受けることになっている。しかしこれは一〇分程度の形式的な会議で、安全審査のような専門的・技術的な評価をするものではない。そのため原子力防災会議に先立ち、内閣府原子力防災担当は「地域原子力防災協議会」で避難計画の実効性を確認することになっているが、この会議も関係省庁の統括官(局長級)や審議官、当該の原発が立地する県の副知事といった大幹部が構成員のため、実務的な検討はしていない。協議会の下に設置されている「作業部会」が避難計画策定の実務を担っているが、会議は非公開で、検討内容はほとんど明らかにされていない。

ちなみに「東海第二地域原子力防災協議会」はまだ一度も開催されていないが、「東海第二地域原子力防災協議会作業部会」はこれまでに一二回開催されている（二〇二三年七月現在）。内閣府原子力防災は作業部会の開催後しばらくすると、議事概要と配布資料をホームページ上で公表するが、ほとんどの議事概要は一、二ページで発言者さえ記していない。議題も「避難計画の充実化について」としか公表しないこともある。

作業部会でいったい何を話し合っているのか――私は二〇二一年五月、作業部会の詳細な議事録と録音を内閣府に情報公開請求したが、「作成又は取得していない」として開示されなかった。

ところが、茨城県の勉強会資料を読んでいて奇妙な事実に気づいた。作業部会と勉強会が同じ日時に同じ会場（茨城県庁）で開催されていた。しかも一二回中五回（うち一回はテレビ会議）もだ。偶然ではあり得ず、事前に示し合わせたとしか考えようがない。初めての〝同一開催〟になった二〇一七年八月二三日の勉強会（作業部会）の議事録には、冒頭にこんなことが書かれていた。

1　経緯
広域避難計画策定にあたる検討事項として、「①複合災害時等における対応」「②避難手段の確保」「③避難待機〔正しくは退域〕時検査の実施体制」について、資料により市町村と進捗状況の確認を行った。
なお、各検討事項については、現在調整中であり、非公表の場で議論を行うため、作業部会と切り離した勉強会の場で議論を行った。〔傍点は引用者による〕

一方、内閣府原子力防災のホームページを開き、同じ日時に同じ場所で開催された第四回作業部会の議事次第を見ると、議題は（1）避難計画の充実化について、（2）その他――としか書かれていなかった。

つまり作業部会で議論してしまうと、議題と議事概要を公表することになり、何を検討したのかバレてしまう。だから内容を知られたくない場合は茨城県の勉強会で検討する形にしているというのだ。茨城県の勉強会は明文化されておらず、ほとんど存在が知られていないため、こちらなら隠し通せる――と考えたに違いない。だが、出席した市町村の担当者は二つの会議の違いをわかっておらず、茨城県内の市民団体から作業部会の資料を情

■東海第二原発の避難計画策定に関わる国と茨城県の会議

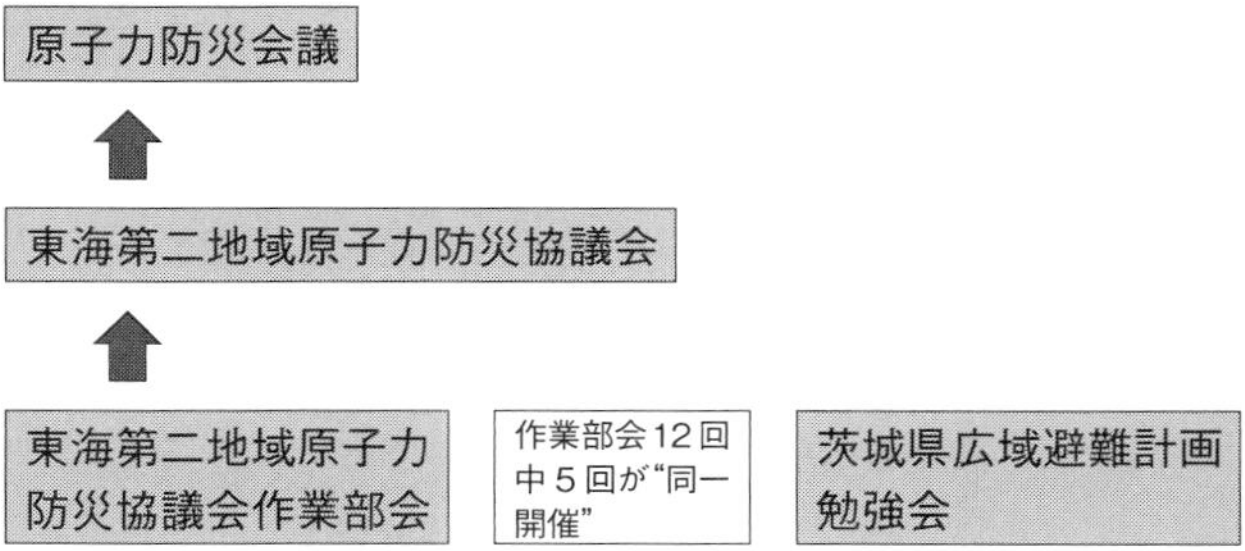

避難計画の策定に関わる国と自治体の会議はマトリョーシカ人形のような「入れ子構造」で検討内容が見えにくくなっている

報公開請求され、勉強会の資料を開示してしまったのだろう（もしかすると「確信犯」かもしれないが）。

〝同一開催〟の二つの会議に出席したことがある市町村の担当者はこう打ち明けた。

「会議の途中で司会者が国から県の職員に代わりますが、出席者は同じです。作業部会にはほとんど中身がありません。実質的な検討の場は県の勉強会。だから県は勉強会のことを隠したいんですよ」

二〇二三年四月一九日の参議院東日本大震災復興特別委員会。れいわ新選組の山本太郎参院議員が〝同一開催〟問題をこう追及した。

「内閣府と自治体の協議が任意の勉強会って形で行われてしまったら、議事概要さえ掲載されない密室協議になってしまう。看板を付け替えて隠れ蓑《みの》にしているんだ、って話なんですよ。誰の目にも見えないところで重要な案件を決めるようなことは止めてもらえませんか」

「隠れ蓑」とは言い得て妙だと感心したが、私は内心違う言葉を思い浮かべていた。「原子力防災会議」の中に「地域原子力防災協議会」があり、こちらは一応議論を公開しているけど中身はない。その中に「地域原子力防災協議会作業部会」があって、こちらはほとんど中身が見えない。でも実は「作業部会」の中にはもう一つ、表面の絵柄だけを変えた「勉強会」が入っている。これではまるで人形の中に一回り小さい同じ人形がいくつも入っているロシアの工芸品「マトリョーシカ人形」ではないかと。

†役所のアピールと矛盾するファクトを見つけ出す

国民に災厄をもたらす政策が一方的に進められるとき、政策を正当化する温情的なスローガンがワンセットで付いてくる。国民が抱いている抵抗感を正面から振り払うというよりは、問答無用のプロパガンダで押し流すようなイメージだ。「復興五輪」や「積極的平和主義」などが典型だろう。「新しい資本主義」「経済安全保障」なんていうのも当てはまるかもしれない。

この温情的なスローガンで覆い隠された奥に政策の真意、テーゼがある。もちろん役所は明らかにしない。国民が受け入れないと自覚しているからだ。だからこそ温情的なスローガンで目くらましをする必要がある。

仮説として立てた政策の冷酷なテーゼが真実であることを裏付けるファクトを開示された公文書から見つけ出さなければならない。

初の拙著『福島原発事故　県民健康管理調査の闇』（岩波新書、二〇一三年）では、「放射能による健康被害なし」で口裏を合わせていた「秘密会」の特報を手始めに、この調査の真のテーゼが被害の矮小化、被曝の証拠隠滅であることを立証していく調査報道の過程を詳述している。今も甲状腺がん患者と被曝の因果関係を否定し続ける国や福島県に対する国民、県民の不信を決定的にした著作と自負している。

国民、県民がこの調査に期待していたのは、放射能による健康被害の中立公正な検証だった。しかし福島県立医大の山下俊一副学長ら調査の指導者たちは調査が始まる前から被曝による健康被害を否定し、「あなたの健康見守ります」という温情的なスローガンを打ち出した。

県民健康管理調査（現・県民健康調査）の中でも特に関心を集めていたのが、事故当時一八歳以下の全県民約三六万人を対象とする小児甲状腺検査だった。旧ソ連のチェルノブイリ原発事故（一九八六年）の後、通常は極めて稀な小児甲状腺がん患者が多数見つかった。WHOなどの国際機関も原発事故による住民への唯一の健康被害として認めたことから、福島でもこの検査の実施を決めた。

福島県立医大では山下副学長と甲状腺の専門家である鈴木眞一教授を中心に、過去に例のない巨大な検査のスキームを急ピッチでまとめた。ベースになったのは、鈴木教授も策定に関わった『甲状腺超音波診断ガイドブック』(日本乳腺甲状腺超音波診断会議甲状腺班)で、それを根拠に精度の高さをアピールしていた。

しかし実は大きな難題に直面していた。対象人数が三六万人とあまりに多すぎるため、二年半で一回り目の検査を終えられるか懸念されていたのだ。スピードを上げようとすれば、一人ひとりにかける時間を短くするしかなく、精度は落とさざるを得ない。検査のスピードと精度はアクセルとブレーキの関係にあった。

検査開始(二〇一一年一〇月)から約三カ月後の「秘密会」の議事録に、「(これまでの二倍近い)一日あたり九〇〇人実施している。単純なシステムを開発した」という鈴木教授の誇らしげな発言が残されていた。だが、「システム」の中身は明らかにしていなかった。

県立医大内に設置された検討チームの資料を情報公開請求した。開示された資料の中には、この検査スキームのベースになったガイドブックの一部も含まれていた。不思議なことに、「観察項目」八項目のうち「血流状態」などの四項目に上から横線が引かれていた。さらに、この四項目の中身を説明するページにも上から大きく「×」印が付けられていた。

鈴木教授が語った「システム」とはガイドブックで定められている検査項目の省略だった。ガイドブックを引き合いに検査精度の高さをアピールする一方で、密かに一人ひとりにかける検査時間を短縮していた。「あなたの健康見守ります」というスローガンが空しく聞こえたのは言うまでもない。

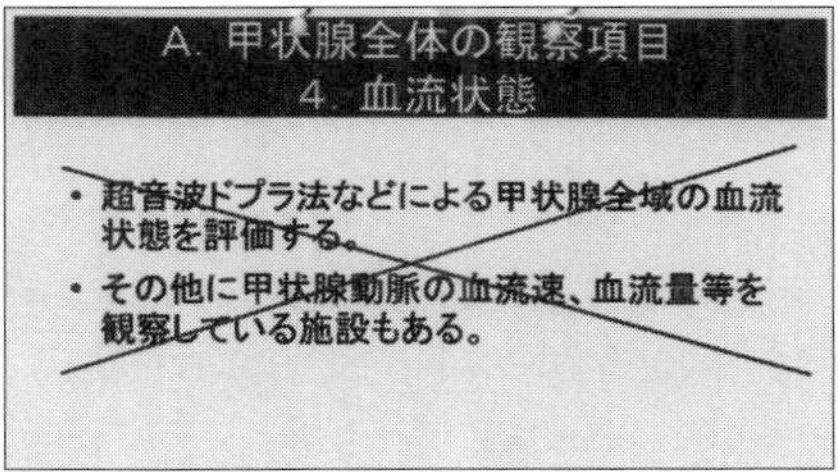

上から大きく引かれた「×」は、福島県の甲状腺検査では省略することを示している

†途中で葬られた選択肢を探す

開示された公文書の中から水面下の検討で葬られた別の選択肢が見つかることがある。役所は当然、こうした選択肢を公表しない。「唯一の選択肢」として公表している政策の正当性を損ねるからだ。一方、役所が勝手に葬り去った不都合な選択肢を分析することで、政策の真のテーゼを特定する手がかりを得られる。

東京電力福島第一原発事故による住民の被曝対策の中心に、政府は「避難」ではなく「除染」を据えた。「除染」という言葉は本来、身体に付着した放射性物質を取り除く作業を指す。ところが事故後は汚染した地表面を剝ぎ取り、草木を刈り取る土木作業にその意味を広げた。

避難指示区域に接する福島県北部の伊達市は政府が除染を全面導入を決める前から試験的に始めていたことから「除染先進地」と呼ばれていた。しかし、その先進地で除染のあり方をめぐって役所と住民の間に深い分断が生じていた。

政府は「年間一ミリシーベルト」を除染の長期的な達成目標に掲げた（ただし達成期間は定めず）。そのため避難指示区域外の市町村は年間一ミリシーベルトを超える宅地や農地をすべて除染の対象とした。しかし伊達市は線量の高い順にA、B、Cの三エリアに市内を線引きし、Cエリア（年間一〜五ミリシーベルト）は雨どいの下など放射性物質がたまりやすい場所だけ表土を取る簡易的な除染で済ませた。これに対して、子どもを連れての自主避難に踏み切れず、除染に望みを託していた母親たちは「つまみ除染だ」と怒りを募らせたが、「除染の神様」ともてはやされていた市の担当幹部は「（線量が）低いところを除染しても効果は低い」「これが科学的に正しい除染だ」と、聞く耳を持たなかった。

母親たちの怒りをさらにかき立てたのが、現職市長による「公約反故」だった。二〇一四年一月の市長選で、Cエリアを含む全面除染を公約に掲げた新人候補に対抗するかのように、現職陣営も「Cエリアも除染する」と言い出した。さらに投開票の九日前になって市役所は突如として除染に関する住民アンケートを始めた。これでは現職も方針転換に踏み切ったものと受け止めるのが自然だろう。しかし三選を果たすと、方針転換など初めからなかったかのように、「Cエリアの除染は（二〇一四年）三月で終了する」と宣言した。

住民を騙したとしか思えないあからさまな公約反故だったが、除染を所管する環境省や福島県が伊達市を叱ることはなかった。それどころか伊達市の要望を受ける形で除染の基準緩和を検討する始末だった。

私は二〇一五年七月、母親たちのSOSを受けて伊達市に入った。市長選からすでに一年半が経っていたが、踏みつけられ、騙された悔しさを彼女たちは忘れていなかった。市内を車で走ると、「市長はウソつき」「公約を守れ」「Cエリアも除染を」などと書かれた立て看板が田畑の縁にズラリと並んでいた。

彼女たちから「伊達市の除染問題を取材してほしい」と懇願されたが、私は福島支局ではなく特別報道グループ（当時）の所属で、伊達市政について報道する立場にはない。それに福島県内では伊達市の「つまみ除染」や「公約反故」はよく知られた話で、それを特ダネ記事に仕立てるのは難しい。いったんは断ろうとも考えたが、特ダネを目指さずに、除染によって混乱する現場の取材なら続けられると思い、母親たちから話を聞くことにした。当時は意識していなかったが、母親たちの深い悔しさに引き込まれたのかもしれない。

†密かに確保していた除染費用

「そう言えば……、伊達市が除染費用八〇億円を返した、という噂を聞いたことがある。でも市はそれを否定しているって」

雑談中に母親の一人が発した言葉が頭に引っかかった。伊達市はCエリアの除染にかかった費用を八億円と公表していた。いったいどういうことだろう。何か裏があると感じた。

市議会の議事録を調べてみると、それらしいやり取りが見つかった。

二〇一四年六月の市議会で、市長と対立する男性市議が「伊達市がCエリアの除染費用八〇億円を返したと福島県や県議会で聞いた」と質問。これに対して、「除染の神様」とも呼ばれる担当幹部は「返したとかそういうことであるとは思っていないので県に確認したい」と答弁していた。伊達市の除染費用なのに「県に確認する」というのも少しおかしいが、担当幹部がその後、県に確認した結果を市議会で説明した形跡はなかった。

福島県内の市町村が実施する除染の費用は、国から福島県に預けられた交付金で賄われる。「〇〇地区の農地除染」「××地区の宅地除染」といった事業計画ごとに市町村が大まかな費用を見積もって県に交付金を申請して認められると、その後、市町村は当面必要な費用だけを請求する「概算払い」の手続きを繰り返し、工事終了後にすべての費用を精算する。費用は最終的に国を通じて東京電力に求償（賠償請求）するので、事故の被害者である市町村の持ち出し（費用負担）は生じない仕組みだ。それだけに除染範囲を狭めて、費用を抑制する伊達市のやり方は異様に映る。

除染交付金の請求手続きに関する文書を福島県と伊達市に情報公開請求した。伊達市の情報公開条例では請求権者を住民などに限定していたため、市民に協力してもらった。

二カ月後に開示された資料は計約三〇〇〇枚。膨大な文書を一枚一枚めくっていくと、除染という公共事業の特異性が見えてきた。ほぼすべての事業で当初の申請額と最終的な精算額の間に大きな開きがあった。過去に例のない公共事業のため、かかる費用を大雑把にしか見積もることができず、最終的に精算する際に大きく修正せざるを得ないのだ。福島県もまともなチェックができておらず、市町村の言い値で交付金を支払っていた。

伊達市が二〇一三年四月一日に福島県に出したCエリア宅地除染事業の申請書を見つけた。書かれていた申請額は「八億円」ではなかった。その八倍の「六四億円」。もちろん福島県は満額の交付を認めていた。やはり伊達市はCエリアの除染費用を確保していた。金額にズレはあるが噂は正しかった。

その後、伊達市は概算払いを繰り返さず、問題の市長選から約一カ月後に五六億円の減額を申請。最終的に八億円で確定した。

おそらく伊達市は最初から六四億円を使うつもりはなかった。「つまみ除染」への市民の強い反発を受け、市長選を前に現職市長が（本当に）方針転換した場合や、あるいは対立候補が当選した場合に責任を問われないよう「保険」のため確保していたのだろう。

もしCエリア宅地除染の費用六四億円を確保している事実が明るみに出てしまうと、市民から「金を確保しているのなら使え」と迫られるだけではなく、「つまみ除染」を正当化してきた過去の言動との矛盾も突かれる。市民が望む選択肢は市民の知らぬ間に勝手に葬られていた。そこから見えるものは役人たちの保身だけだ。

†消化不良の理由

私の取材に対して、担当幹部は「そんな金があったなんて忘れていた」とうそぶき、密かにCエリアの除染費用を確保していた理由を説明しなかった。元々誠実な回答が返ってくるとは期待しておらず、予想通りだった。

一連の取材結果は毎日新聞の紙面では報道せず、岩波書店の月刊誌『世界』二〇一七年三月号に「「除染」が壊した地方自治――福島県伊達市ルポ」という記事を掲載したほか、二〇一八年一一月に出版した著書『除染と国家――21世紀最悪の公共事業』（集英社新書、二〇一八年）に詳しく盛り込んだ。

原発行政がいかに地方自治を壊し、人心を踏みにじったかを調査報道によって切り取れたことに私は満足したはずだった。だが、どこかモヤモヤとした消化不良感が残った。その後、私はこの消化不良感の原因を特定できないでいた。私の報道を受けて伊達市がCエリアの除染をやり直すことはなかったが、そんな成果は初めから期待していない。報道への反響が乏しかったことへの落胆もない。福島の小さな自治体のニュースが幅広い関心を呼ぶとも考えていなかったからだ。いくら考えても答えが出なかった。

二〇二二年に毎日新聞社を退社し、フリーのジャーナリスト・作家として歩み出す中でようやく消化不良感の原因に気がついた。取材のきっかけになった母親たちの悔しさを晴らすことができなかったからだと。もし母親たちが自ら真相を探求していたとしたら、自分たちが正しいことに確信を持ち、悔しさを晴らすことができていたと思うのだ。私がすべきは、母親たちに探求の方法とその意義を伝えることだったと気づいた。


「ねえ、どう考えても市役所が言っていることとおかしいよね？」

「あの噂ってどうなんだろ？　ほら、予算返したって話」

「ネットで市議会の議事録読んでみたら、明確に否定していないし怪しいよね」

「それなら予算書も調べてみようか」

「あれは県の交付金でしょ？　交付金の申請書を情報公開請求したら出てくるかな」

仲間内でそんな会話を重ねながら問題の解明を目指していけば、自分たちの疑念や主張が正しいと確信が持て、踏みにじられた悔しさをいくぶん振り払えたに違いない。伊達市で味わった消化不良感は、本書を残さなければならない、と私が思い立つ理由の一つになった。

第 7 章

審査請求のススメ

——「不開示」がきたらどうする?

†市民でもできる

「こんな黒塗りが許されるんですか！　私は初めて見ました！」

二〇二一年にあるネットテレビにパネラーとして出演した際、リモートで出演した著名な女性ジャーナリストがこう憤っていた。彼女がモニター越しに見せたのは、名古屋出入国在留管理局（名古屋入管）に収容されていたスリランカ人女性の死亡に関する公文書だった。ほぼ全面黒塗りの、いわゆる「のり弁」だ。遺族の代理人弁護士が名古屋入管に請求したところ、関連の行政文書約一万五〇〇〇枚が全面黒塗りで開示された。大量の「のり弁」を貼り付けたバックボードの前で弁護士たちが記者会見を開き、「入管はすべてブラックボックスだ。まったく反省していない」と訴えた姿を憶えている方もいるかもしれない。

もちろん名古屋入管の対応は褒められたものではない。しかし、全面黒塗りの「のり弁」は、役所が責任逃れに走る場合のデフォルトであって、陰湿な原発行政を長年取材している私にとっては特段珍しいものではなかった。

彼女は視聴者の怒りを煽るためにあえて大仰に憤ったのかもしれないが、もし本当に見たことがないのなら、日本の役所を甘く見過ぎだろう。

これまでにも繰り返してきた通り、役所は意思決定過程を伏せて政策の決定や結論だけを公表する。政策を正当化する温情的なスローガンを付け添えるのも欠かさない。

決定・結論に至るまでの意思決定過程を解明するには、関係者の証言や彼らから提供された情報だけでは不十分だ。彼らが不都合な事実を明らかにする保証はない。だからこそ、リアルタイムで経緯を記録した公文書が重要な意味を持つ。役人たちはそれを重々承知しているからこそ、「のり弁」を作っている。彼らの立場で言えば、作らざるを得ないのだろう。

そんな手間をかけて「のり弁」を作る以前に、「廃棄済み」とか「個人メモ」ということにして「公文書ではない」と言い張ったり、もっと言えば、そんな公文書は初めから作っていないことにする——そうした手口も使われていることを私が体験した実例をもとにこれまでに紹介してきた。

一方、公文書管理法やガイドライン（地方自治体では条例や要綱）は、経緯も含めた意思決定過程を公文書にして残すよう役人に義務付けている。また、そうした文書は情報公開請求を受けたら「公文書」として開示しなければならない。つまり、本来開示されるべき公文書が開示されなかった場合の「非」は役所の側にある。理不尽に思える不開示に直面したら、請求者は泣き寝入りせず、きっちり反論すべきなのだ。だが、「この不開示はおかしい」と考えたり、口にするだけでは何も起きない。反論は法律や条例にもとづき文書にして提出しなければ意味がない。

そんなことを言うと、「裁判を起こすなんて無理」「弁護士に頼まないとできない」——そんな弱音が返ってきそうだが、心配は無用だ。もちろん弁護士を雇って行政訴訟を起こす方法もあるが、情報公開制度には訴訟以外にも不開示の取り消しを求めるルートが用意されている。それが「審査請求」だ。

情報公開請求をすると、一定の期間内（情報公開法では三〇日と延長が三〇日、条例では一五日ほどと延長が四五日ほど）で開示・不開示の決定がされる。

決定の通知文をよく読んでみてほしい。下のほうに小さな字で「行政不服審査法に基づき決定を知った日から三カ月以内に審査請求（審査申し立て）ができる」と書き添えられていることに気づくはずだ。

審査請求は書類の郵送代ぐらいしか費用がかからず、さほどの手間もかからないので弁護士に頼む必要もない。おまけに情報公開審査会がこちらの主張を認めてくれる〝勝率〟も悪くはない。審査会の答申に拘束力はないが、役所が答申を無視することはまずない。一言でいうと、とてもコスパ（コストパフォーマンス）が高い優れた制度なのだ。こんな制度を使わないのはもったいない。

もし理不尽な不開示に対して、請求者が「仕方がない」と簡単に諦めてしまうようだと、「逃げ切った」「隠し通せた」という悪しき成功体験を役所に与えてしまい、狭まった開示範囲が今後のスタンダードになりかねない。理不尽な不開示に対する審査請求は、改めて当該文書の開示を求めるだけにとどまらず、ひいては情報公開制度を守ることにつながる。

情報公開に関する審査請求の現況を簡単に見てみよう。総務省が発表している国の情報公開・個人情報保護審査会の令和三年度活動概況によると、情報公開に関する答申は七〇二件。このうち役所の判断（不開示）を妥当としたのは四五四件（六四・七％）。一方、部分的なものも含めて二四八件（三五・三％）を「妥当ではない」と判断している。一般に四〜五％と言われる行政訴訟の原告勝訴率と比較すると、請求者の主張が認められる認容率は高いと言える。

気になる答申までの期間も見てみよう。個人情報保護案件を含む平均処理期間は三七三・七日。平均審議会数は二・六回で、インカメラ決定のみだった審議を除くと二・一回となっている。処理期間が最短だった案件は四九日で、最長は一五二〇日だった。これも行政訴訟に比べれば短いだろう。

地方自治体についても見てみよう。こちらはまとまった調査報告を見つけることができなかったので、私がここ数年、日本原子力発電東海第二原発（茨城県東海村）の避難計画をめぐって情報公開請求と審査請求を数多く申し立てている茨城県の審査会答申を見てみたい。二〇二二年度の答申は七件。このうち一部認容も含めて四件で不開示決定を取り消すよう茨城県に求めている（うち一件が私の請求事件）。

一般の市民にとって、役所に情報公開請求することは心理的ハードルの高い行為だろう。さらに進んで不開示に対する審査請求ともなれば未踏の極地を目指すような果てしない気分かもしれない。それでも、審査請求には大事な意義がある。ここは目を背けずに読み進めてほしい。

さて、理不尽な不開示を受け取って「審査請求をしてみよう」と思い立ったとき、未経験者が真っ先にするのは、ウェブサイト上で参考資料を探すことではないか。だが、専門的な分野ということもあり、具体的な助言はなかなか見つからない。次は審査請求に関する専門書を探すことだろう。今となってははっきりと憶えていないが、私もそうしたと思う。書籍の通販サイトで「情報公開」「審査請求」と打ち込むと、行政法の研究者や役所の元担当者が書いた情報公開に関する学術書が数多く表示される。

購入した学術書が手元に届き、審査請求に関するページを開くと、「不服申し立ては処分庁に対する異議申し立てと、処分庁の上級行政庁である審査請求の二種類あって……」という制度の説明から始まる。しかし請求者が知りたいことは、審査請求の実践方法だ。

何ページかめくってはみたけれど、自分の求めている答えを見つけられないまま本を閉じて、そのまま死蔵してしまった――なんてことになるかもしれない。私自身も最初はそうだった。こうした学術書の価値を否定する意図ではない。実践を続けていくとさまざまなケースに直面するため、後々になって必要になってくるが、これから実践に踏み出そうという人間にとっては「無用の長物」だろう。

私の経験で言えば、制度を完全に理解していなくても審査請求はできる。

†「のり弁」と審査請求

審査請求について論じる本章を「のり弁」のエピソードから始めたのは、審査請求をするのに最も有効な不開示のタイプと考えるからだ。審査会の委員は「インカメラ審理」で当該の文書を実際に見分できる。黒塗りされた記述を実際に読んだうえで、不開示決定の妥当性を判断するため、請求人の主張が認められる期待も高まる。

もちろん、どのような不開示に対しても審査請求はできる。文書を作成していない、あるいは廃棄済みで不存在、といった不開示にも争えないわけではないが、役所から「だって、文書がないんだから」と言い張られてしまうと、どうしても難易度が上がりがちだ。

ところで、こうした「のり弁」は黒塗り（不開示）の範囲が広すぎるため、不開示部分を特定していないに等しく、不開示（一部開示）決定通知に書かれている不開示の理由が条文丸写しで具体性がまったくない、なんて酷いケースも珍しくない。

国民・住民に行政情報を広く公開するという制度の原則を踏まえると、不開示は例外であり、できるだけ公開するのが本来のあり方だ。ところが、これまで紹介してきた通り、例外を際限なく広げているのが運用の実態だ。本書で何度か触れた茨城県主催の原発避難計画の「勉強会」のように、文書の特定さえせずにすべて不開示にするのは論外としても、「面倒だ」と言わんばかりに不開示部分を特定せずに広く黒塗りし、条文丸写しで不開示理由を説明しないのも発想は同じだ。

これでは審査請求で反論しようにも手掛かりさえ見えない。対象文書の中身に関する反論に入るよりも先に、役所が不開示部分を特定しておらず、不開示理由を具体的に説明していない点をきっちりと審査請求書で指摘しておこう。

情報公開法は不開示理由を「個人・法人の情報」や「犯罪予防や秩序維持に支障ある情報」などの六項目に限定している（第五条）。このうち特に第五号と第六号を理由とする不開示に対して審査請求するよう私は勧めている。「公にすれば不当に……するおそれがある」という曖昧な書き方で、役所から見ると、不開示にするのに使い勝手がいい反面、明確な根拠を示して主張を尽くせば覆すのも容易だと考えるからだ。

国の機関、独立行政法人等、地方公共団体及び地方独立行政法人の内部又は相互間における審議、検討又は協議に関する情報であって、公にすることにより、率直な意見の交換若しくは意思決定の中立性が不当に損なわれるおそれ、不当に国民の間に混乱を生じさせるおそれ又は特定の者に不当に利益を与え若しくは不利益を及ぼすおそれがあるもの（情報公開法第五条第五号）

国の機関、独立行政法人等、地方公共団体又は地方独立行政法人が行う事務又は事業に関する情報であって、公にすることにより、次に掲げるおそれその他当該事務又は事業の性質上、当該事務又は事業の適正な遂行に支障を及ぼすおそれがあるもの

イ　監査、検査、取締り、試験又は租税の賦課若しくは徴収に係る事務に関し、正確な事実の把握を困難にするおそれ又は違法若しくは不当な行為を容易にし、若しくはその発見を困難にするおそれ

ロ　契約、交渉又は争訟に係る事務に関し、国、独立行政法人等、地方公共団体又は地方独立行政法人の財産上の利益又は当事者としての地位を不当に害するおそれ

ハ　調査研究に係る事務に関し、その公正かつ能率的な遂行を不当に阻害するおそれ

ニ　人事管理に係る事務に関し、公正かつ円滑な人事の確保に支障を及ぼすおそれ
ホ　独立行政法人等、地方公共団体が経営する企業又は地方独立行政法人に係る事業に関し、その企業経営上の正当な利益を害するおそれ（同六号）

特に第五号は「五条五号問題」「検討情報問題」と呼ばれ、地方自治体の運用において、意思決定過程の文書を不開示にする理由に使われがちだ（私の経験上、中央省庁は最近第六号の柱書きを理由に使うことが多い）。

五条五号は以下のように細分化できる。

①率直な意見交換が不当に損なわれるおそれ
②意思決定の中立性が不当に損なわれるおそれ
③不当に国民の間に混乱を生じさせるおそれ
④特定の者に不当に利益を与え若しくは不利益を及ぼすおそれ

①～④のいずれも「不当に×××のおそれ」と書かれている。「おそれ」は公にする（公開する）ことで生じる先々の可能性（危険性）を示しており、審査請求の際に「公にして

も率直な意見交換が不当に損なわれるおそれはない」「公にしても不当に国民（住民）の間に混乱が生じるおそれはない」と、そのまま反論するだけでは水掛け論に引きずり込まれてしまう。そうした「おそれ」が現実になるかを確かめることはできないので、これだけでは意味がない。

審査会は「インカメラ審理」なので、それでも当該の文書を実際に見て反論を認めてくれるかもしれないが、請求者自身が根拠を示して反論を尽くすプロセス自体が大事だと私は考えている。

注目すべきは「不当に」という文言だ。意思決定過程はそもそも公開が前提であり、不開示が「例外的」あるいは「時限的」な措置であるべきことを示している。ところが役所は「不当に」という文言をほとんど無視する形で不開示理由をこじつけている。

この規定そのものが情報公開制度の趣旨と矛盾するとの指摘もある。二〇一〇年に民主党政権下で情報公開法改正が検討された際、日本弁護士連合会は意見書でこう指摘した。

国民に混乱を生じるおそれがあることを不開示事由とすることは、国民が主権者として最終的な判断をするものであるという情報公開制度の大前提に反する考え方であるし、かかる規定は濫用される可能性も高いので、削除すべきである。

「濫用」の主体はもちろん役所だ。正鵠《せいこく》を射ていると思う。この指摘が通らず法改正に至らなかったのが残念でならない。情報公開制度の趣旨と矛盾するこの規定は今も残されたままだ。

不開示（部分開示）決定の通知文に書かれた不開示理由を詳しく読んでみてほしい。第五号と第六号を丸写しにしただけで、具体的な説明が何も書かれていない通知にかなりの頻度で出くわすはずだ。

そうした場合、役所の担当者に直接問い合わせて、「どのような事態が生じるおそれがあると考えたのか？」「なぜそうした事態が生じると言えるのか？」と具体的な説明を求めるのも面白い。

おそらく担当者は動揺して、「通知に書いてある以上のことはお答えできません」と言って何も答えないか、少しずるい担当者なら「開示の可否について他の役所に意見を求めたところ、開示しないよう求められた。どこの役所かは言えない」と、責任転嫁を図るかもしれない。いずれにしてもまともな説明は返ってこないだろう。それもまた審査請求の「根拠」になる。録音を忘れずに「取材」してみてほしい。

†審査請求書の書き方

大抵の役所の公式ホームページには大抵情報公開制度を紹介するページがあり、情報公開（行政文書開示）請求書の様式（フォーマット）がアップされている。ワード版をダウンロードしてパソコンで打ち込むなり、ＰＤＦ版をプリントアウトして書き込むなりして情報公開の請求書は作ることができる。

ところが審査請求の様式は役所の公式ホームページにアップされていない。少なくとも私は見たことがない。そのため自分で一から作成するしかない。見本はおろか様式もないとなれば、何を書いたらよいのか、どのくらい手間がかかるのか見当がつかず、二の足を踏んでしまうのも無理はない。だが安心してほしい。それほど難しいものではなく、大して手間もかからない。

いちばん上に「行政文書不開示に対する審査請求書」とタイトルを書く。その左下には宛先（相手の役所のトップ）、右下には「審査請求人」として自らの名前を書き込み、それから日付だ。

行政不服審査法で審査請求書の記載事項は定められている。本文はたった六項目と構成は極めてシンプルだ。

1　審査請求人の氏名及び年齢、又は年齢並びに住所

請求者（つまり自分）の名前と、現在の年齢と住所を記述する。住所は書類の送付先なので、住民登録している住所ではなくオフィスの所在地でも可。

2　審査請求に係る処分

不開示（部分開示）決定通知の右上に記載されている年月日と処分の番号を書き入れる。審査請求の対象となる処分（不開示決定）を特定するのが目的。

3　審査請求に係る処分があったことを知った年月日

不開示（部分開示）決定通知書が手元に届き、決定内容を知った日付を書き入れる。基本的に郵送されてくるため決定日とは数日のラグがある。

4　審査請求の趣旨

「不開示決定の取り消しと全部開示の決定を求める」という定型で可。

5　審査請求の理由
通知書に書かれた不開示理由に対する反論。この章の「肝」と言える部分なので、詳しく後述したい。
6　処分庁の教示の有無及びその内容
不開示（部分開示）決定通知に記載されている事柄。審査請求ができることを知らせる説明書き。「この処分に不服があるときは、この処分があったことを知った日の翌日から起算して三ヵ月以内に、×××に対して審査請求をすることができる、との教示があった」

基本的に書くことはこれだけだ。普通に書けば一～二ページで収まる内容だ。短いからといって、審査会委員の心証を害する心配はない。むしろ文書開示と無関係な事柄を長々と書かれるほうが、迷惑に感じるだろう。

†過去の開示事例を探す

ここからは「5　審査請求の理由」に書き込む、具体的な主張内容を検討していきたい。

ちなみに、これは審査請求書に書き込んでも良いし、審査請求書の提出後しばらくして（大抵は二ヵ月ほど）届く不開示理由説明書（自治体では弁明書という）を受けた後に提出する意見書（同反論書）からでも間に合うので、慌てる必要はない。

最もシンプルな方法は、まったく同じ文書が別の役所から開示されている実例を示すことだ。

日本原子力発電東海第二原発（茨城県東海村）の避難計画策定のため国と茨城県が随時開催している非公開会議の資料が、出席した市町村から開示されたケースを何度か紹介した。あくまでも文書の開示・不開示は役所ごとに決定するものなので、まったく同じ文書に関する判断が役所によって分かれるのは不思議なことではない。

目当ての文書は入手したのだから、あえて審査請求する必要もないのではないか、と考えるむきもあろう。たしかに手一杯のときに無理する必要はないと思うが、前述した通り、理不尽な不開示を黙認してしまうと、今後の運用に悪影響を及ぼしかねない。きっちり物申しておく意義はある。

ところで、会議資料のように複数の役所で保有する資料をそれぞれに情報公開請求すると、役所間で申し合わせて開示範囲を揃えてくることが間々ある。こうした調整は開示範囲を狭める方向にしか働かない。こうなると、目当ての文書がどこかの役所から開示されるのは期待できない。

次に探すべきは、不開示にした役所が過去に同種の公文書を開示していた事例だ。「以前は出したのに今回は出さないのはおかしい」と、恣意的な判断であることを主張できる。

こうした事例で思い出すのは、東京電力福島第一原発事故の避難者に提供された「みなし仮設住宅」に関する福島県と国の協議記録だ。

第6章でも触れたが、災害救助法に基づき原発避難者に無償提供された「みなし仮設住宅」は、福島県が国（厚生労働省、内閣府）と協議して、一年ごとに提供期間を延長してきた（自主避難者に対する無償提供は二〇一七年三月末で終了した）。

私が二〇一四〜一五年にこの問題を取材していた頃、自主避難者たちは提供の打ち切りに怯えていた。賠償がわずかで避難費用の負担が重い自主避難者にとって、提供の打ち切りは避難の強制終了を意味する。しかも福島県と国の協議はブラックボックスで、先行きが見えないことに自主避難者は不安を募らせていた。

私は非公開の協議資料を福島県と国に情報公開請求したが、開示されるのは、タイトル以外は全面黒塗りの、いわゆる「のり弁」ばかりだった。

ところが、福島県は過去に「みなし仮設住宅」に関する国との協議記録を全面開示した〝前科〟があった。

福島県は二〇一二年一一月、自主避難者に対する県外での新規提供を年内で終了する一方、新たに県内での新規提供を開始すると発表した。災害救助法を当時所管していた厚生労働省との間で行った水面下の事前協議で、県外での新規提供の終了については考えが一致したものの、県外への人口流出を避けることを目的とした県内の新規提供の開始については厚労省の強い反対があった。福島県の内外で対応を分ける法的根拠はなく、どうみても厚労省の主張に分があった。

そこで福島県は激しい対立を記録した協議の議事録をほとんど黒塗りなく開示し、「県内でのみなし仮設住宅の提供に厚労省が反対している」とばかりに県内世論を煽る作戦に出た。この時開示された文書には、通常なら個人情報を理由に間違いなく黒塗りされる一般市民の携帯電話の番号まで記されていた（おかげで後に直接取材することができた）。

同じ頃、福島県内の新聞やテレビは、県内での新規提供に反対する厚労省を批判するキャンペーン報道を展開していた。福島県庁の意向に沿ったと推察される。

それから二年後、同じ「みなし仮設住宅」に関する国との水面下の協議を情報公開請求すると、福島県は一転して全面黒塗りの「のり弁」を出してきた。いかに役所が恣意的に開示範囲を決めているかがわかる好例と言えよう。

†他の役所の開示事例を探す

同じ施策に関する同種の文書を別の役所が開示している事例を示す方法もある。つい最近興味深い事例があった。二〇二三年五月に審査請求したばかりで本書の執筆時点で答申は出ていないが、参考になると思うので紹介したい。

原発避難計画をめぐっては、入院患者や入所者を抱える原発三〇キロ圏内の病院や福祉施設も避難計画の策定を求められている。二〇二三年に入って、私は日本原子力発電東海第二原発（茨城県東海村）三〇キロ圏内の病院や福祉施設の避難計画策定に関する資料を茨城県に情報公開請求した。

約二カ月後、病院、高齢者施設、児童養護施設、障害者福祉施設……それぞれの所管課から次々と文書が開示された。対象の施設も所管課も異なるのに開示範囲は完全に一致していた。対象となる三〇キロ圏内の病院や施設の名前こそ黒塗りされていないが、その入所（入院）者数、要配慮者数、避難経路……ほとんどの情報が黒塗りされている。各課で申し合わせて開示範囲を調整したのだろう。

驚いたのは、それぞれの施設の避難先となる三〇キロ圏外の施設まで黒塗りされていたことだった。黒塗りの理由（不開示理由）は、「公にすることにより、不当に県民の間に混乱を生じさせることが予想されるため」「策定過程であることから、避難先の案を開示することで支障を及ぼすおそれがあるため」とあった。

この黒塗りは明らかにおかしい。茨城県が各施設に照会したのは二〇一四年。開示された資料は最も新しいものでも二〇一八年で、請求時点ですでに五年近くが経過していた。それならいつになったら開示するのか？　これ以上時間が経てば、文書の保存期限が来て日の目を見ることなく廃棄されてしまう（廃棄したことにされる）危険性もある。

五年近くも経っているのだから、避難先は事実上決まっていると考えるのが自然だ。発表していないというだけでまだ策定途中にあると言うのはおかしい。また、逆に計画がすでに頓挫しているなら、策定途中にあることを理由に不開示にするのはこれまたおかしい。表向き策定途中ということにしておけば不開示を正当化できると思っているのだろう。

それに三〇キロ圏内の一般住民の避難先はすでに発表されている。それなのに「おじいちゃんが入院している老人ホームの避難先がわからない」というほうが、よほど混乱が生じるだろう。

審査請求の材料を探すために開示資料を読み込むと、貴重な情報を見つけた。

茨城県の原対課と、病院や福祉施設などを所管する課の担当者たちが集まった二〇一六年の会議の議事録にこのような記述があった。

【主なQA】

長寿福祉課　県の広域避難計画には今後、施設ごとのマッチングを入れる予定はあるか。

（福井県では入っている）

原対課　→今のところ施設のマッチングまで入れる予定はない。

近く公表を予定している茨城県の避難計画に病院や福祉施設の避難先は入れるつもりはない、茨城県は最初から病院や福祉施設の避難先を公表するつもりがないというのだ。実際、二〇一九年三月に改定された茨城県の避難計画には病院や福祉施設の避難先が明記されていない。最初から明らかにするつもりがないのに、策定途中であることを理由に不開示にするというのは明らかな矛盾だ。

もう一つ重要なのは、福井県が避難先を公表しているという情報だった。すぐに福井県の避難計画を見てみると、たしかに各施設の避難先が記載されていた。

私は二〇二三年五月、福井県の避難計画に触れたうえで「不開示には理由がない」とする審査請求書を提出した。

†審査請求後の流れ

不開示を不服として審査請求書を提出すると（ちなみに国の場合、審査請求書は正本と副本の二通の提出を求められる）、国や自治体ごとに設置されている情報公開審査会で検討される。

情報公開・個人情報保護審査会設置法では、国の審査会委員は一五人と定められている（このうち常勤委員＝部会長は五人以内）。委員の構成を見ると、検事や判事のOB、弁護士の法曹出身者のほか行政法学者が大半を占める。一方、都道府県の委員は七〜一二人ほどで、こちらは弁護士と役所OBが中心だ。

住民からの申し立てを受けて役所の判断の妥当性を検討する機関として、まず思い浮かぶのは、各地方自治体に置かれた監査委員かもしれない。住民からの監査請求を受けて、地方自治体の公金支出の妥当性を検討するのが主な役割だ。地方自治法では当該自治体の議員からも選任するよう定められている。オンブズマンのように役所に物申してきた市民にとって、監査請求は住民訴訟を起こす前に一応経なければならない手続きにすぎず、はっきり言って判断に期待していない。しかし情報公開審査会はまったく違う。「お手盛りの機関に何を言っても無駄だ」と決めつけ、審査請求の「権利」を使わないのはもったいない。

審査請求書の提出からしばらくすると、諮問庁つまり当該の役所が作成した理由説明書（自治体では弁明書）が届く。論点や分量にもよるが、早い場合は一ヵ月ほどで届くこともある。

理由説明書（弁明書）には必ず、期限内にこれに対する反論を書き込んだ意見書（自治体では反論書）を提出できる旨を伝える通知が同封されている。提出期限について法令の定

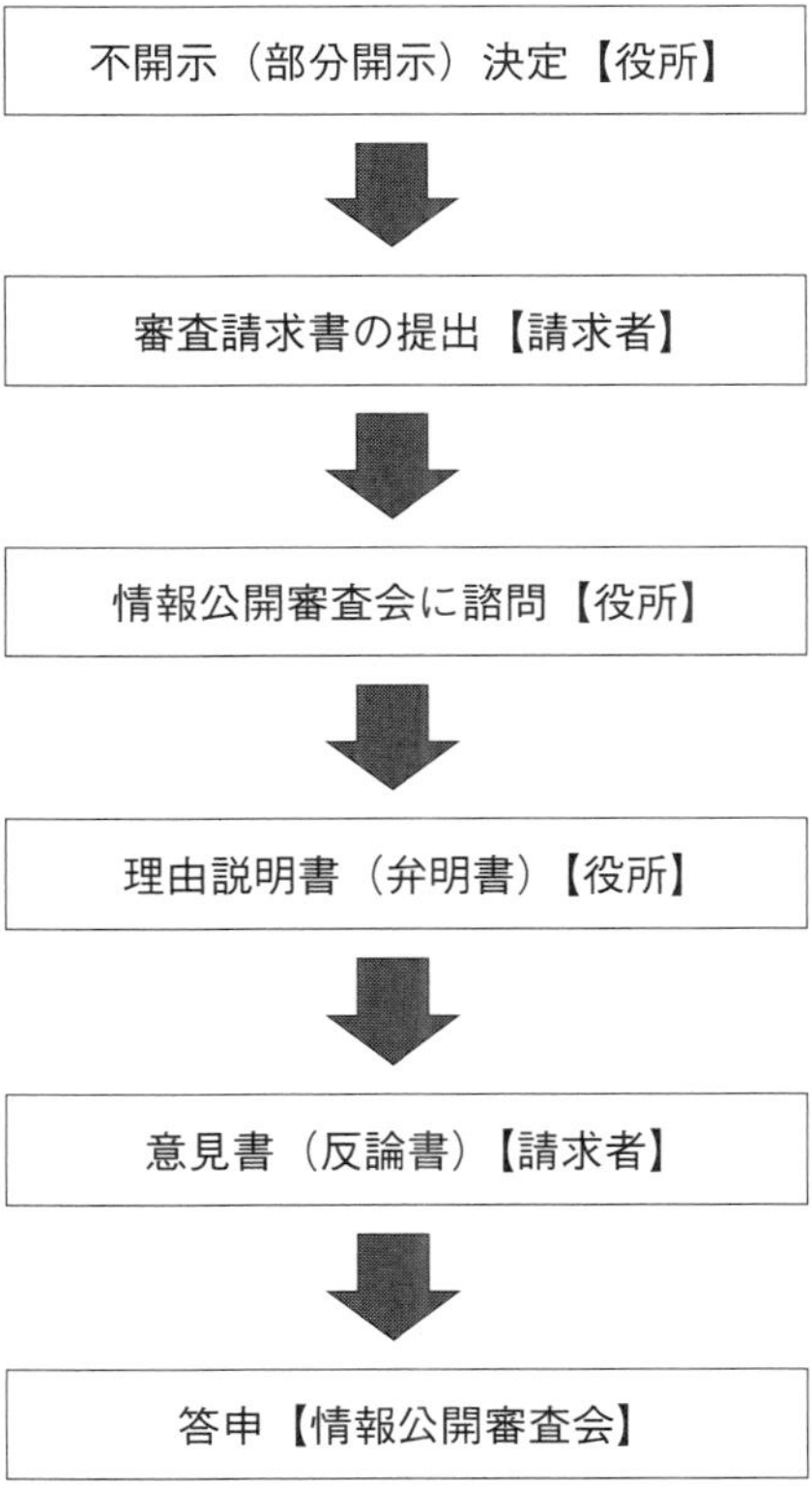

審査請求の流れ

めはないが、私の経験では短いと二〇日ほど、長いと二ヵ月ほどだ。「そんな短い期間でそんな難しい書面を作れるはずがない」「やっぱり弁護士に頼まないといけない」と、頭を抱えてしまう人もいるかもしれない。だが、安心してほしい。もちろん弁護士に頼んでもいいが、頼まなくても十分に作成できる。そもそも意見書（反論書）は必ず提出しなければいけないものではなく、審査請求書ですでに主張を尽くしたと考えるのならば提出する必要はない。逆に理由説明書（弁明書）を読んで、これまでにない説明があった場合には反論したほうが良いだろう。私の場合、不開示決定を受け取った時点で相手の役所の担当者に取材し、不開示理由の詳しい説明を求めるので、理由説明書（弁明書）で新たな説明が出てきたという経験はほとんどない。

もう一つ、必ずしも意見書（反論書）を提出する必要がないと言える理由は、情報公開審査会の検討形態が「職権主義」であるためだ。「職権主義」の対義語は「当事者主義」。これは双方の当事者が提出した主張と証拠のみを材料に判断する。民事訴訟は「当事者主義」で、裁判所は原告と被告が提出した主張と証拠に基づき判断する。

一方、「職権主義」の審査会では諮問を受けると、まずは当該の文書の提出を役所に求め、実際に見分（インカメラ審理）したうえで不開示判断が妥当か検討するので、必然的に請求者の主張や書面に拠る比重は低くなる。

実際の弁明書がどのようなものか見てみよう。論点が多い事例だと説明が複雑になるため、ごく短いものを紹介したい。第4章でも紹介した、日本原子力発電東海第二原発の避難計画策定のため、茨城県が二〇一八年一〇月に実施した避難所面積調査の結果をまとめた集計表だ。茨城県が職員の個人メモであって作成していないとして不開示としたのに対して、私が審査請求した。茨城県から届いた弁明書は以下の通りだ。

「1 処分の内容」は事件番号と共に当該の不開示決定処分を特定するものだ。「2 弁明の趣旨」は不開示決定が違法不当ではないとする、役所の主張だ。「3 審査請求の理由に対する認否」は、当然ながら否認で、私の主張を認めないということだ。「4 処分に至るまでの経過」は当初に情報公開請求した文書の内容、および不開示決定処分に至るまでの手続きの経過だ。

弁明書の要点は「5 本件処分の妥当性について」にある。茨城県は「当時の担当者が個人的に市町村ごとの受け入れ可能人数について、自らの考えを整理するために作成した作業用のメモであり、市町村に情報提供するためのものではなく、(原子力安全対策)課内でも特に共有していなかった」として、「行政文書(公文書)には当たらない」と主張している。最後の「6 結論について」は「本件処分は条例の規定に基づき適正に行ったもので、審査請求は棄却されるべき」という結論だ。

第4章でも紹介した通り、私はこの集計表をすでに現認しており、毎日新聞紙上で報道する前に、記載されている数字の一つひとつを茨城県原対課の担当者に確かめていた。だから、少なくとも新旧の担当者間で共有しているのは間違いなく、そもそも県議会で知事が公言した調査の集計表が職員の個人的な文書のはずがない。そうした事実と主張はすべて審査請求書に記載済みだったことから、反論書は提出しなかった。

†情報公開審査会の答申

審査請求から約一年三カ月後の二〇二二年七月一二日、茨城県情報公開・個人情報保護審査会が答申を出した。答申は表紙にあたる通知も含めて全七ページ。本文の冒頭にある「第1　結論」は以下の通りだった。

実施機関が行った不開示決定（不存在）は、これを取り消し、改めて開示請求に係る行政文書を特定し、特定した行政文書について、開示決定又は不開示決定を行うべきである。

私の主張が認められた。

答申はその後、「第2　諮問事案の概要」「第3　審査請求人の主張の要旨」「第4　実施機関の主張の要旨」と続くが、これまでの経過の繰り返しなので割愛する。

後半三ページの「第5　審査会の判断」が、この結論を導き出した理由の説明だ。

原対課の担当者に集計表の数字を確認した裏取り取材をした事実を認めたにもかかわらず、「本件開示請求に係る行政文書を現認したとまでは認めることができない」として、私が集計表を現認した事実を認めてくれなかったのは釈然としなかったものの、調査当時の担当者が職務上作成し、私が裏取り取材した担当者も含めて少なくとも他に二人の職員にも渡されていたことから集計表の組織共用性を認め、公文書（行政文書）に当たると判断した。

三枚の集計表が私の元に届いたのは、答申から約九カ月後の二〇二三年三月のことだった。もはやニュースとして報道する価値はなかったが、理不尽な不開示決定にしっかりNOを突きつける意味でも審査請求して良かったと考えている。

この答申はすぐに茨城県のホームページで公表された。そこに審査請求人、つまり私の名前は掲載されていない。

†元委員が語る審査請求のススメ

情報公開審査会の委員経験者に話を聴かせてもらった。神奈川県弁護士会の森田明弁護士は一九八二年に弁護士登録し、翌年には日本初の不服申し立て事例となった逗子マンション図面開示請求事件で開示請求者の代理人になるなど、情報公開制度の黎明期から住民側の代理人として数多くの請求や訴訟を手掛けた。一方、神奈川県内の自治体の情報公開に関する委員を歴任したほか、国の情報公開・個人情報保護審査会の常勤委員を三年間(二〇一一年一〇月~二〇一四年九月)務めた。

森田弁護士は二〇一六年、「実情を伝えて審査会に対する過剰な不信感を払拭したい」との思いから『論点解説 情報公開・個人情報保護審査会答申例』(日本評論社)を出版した。守秘義務のベールに覆われている審査会の検討過程を伝える貴重な文献だ。

情報公開審査会の最大の特徴は、不開示決定された当該の文書を委員が実際に見分する「インカメラ審理」にある。請求者が不開示の取り消しを求めるもう一つの方法である情報公開訴訟では、「インカメラ審理」が認められていない。これは原告側を抜きに裁判官が文書を見ることが、裁判の公開を保障する憲法の規定や、裁判の証拠は原告と被告双方の吟味を経たものに限るという、民事訴訟の基本原則に抵触する可能性があるためだ。

森田弁護士によると、役所からの諮問直後に行われる最初の審議はほぼすべてがインカメラ決定だという。「とにかくインカメラ決定をして当該の文書が届かなければ実際の審査は始まらないと言っていいほど。審査会は職権主義なので、請求者は基本的に『ここは納得できない』と表明すればよく、審査会から役所に説明を求めます。委員が実際に文書を見て不開示決定が妥当かどうかを判断できる意義は大きい」と明かす。

インカメラと合わせて、各省庁から出向している専従スタッフから当該事件の論点に関する過去の答申例を提示される。森田弁護士によると、スタッフから提示される答申例はどうしてもオーソドックスなものが多く、保守的な判断に傾きがちなため、開示範囲を広げるうえでは、ここが委員の〝腕の見せ所〟になるという。「私が委員だった頃で一万件、現在では二万件の答申が積み上がっています。よく見ていくと実はさまざまな判断がありますす。より開示範囲が広い過去の答申を探し出し、幅広い先例の範囲内であることを説明すれば通ることもあります」と振り返る。

長く情報公開制度に携わってきた経験を踏まえ、森田弁護士が近年注力しているのは、対象となる文書の範囲拡大、いわば請求対象の文書特定の問題だ。確かに文書不存在で開示されなかった場合、審査請求して闘ううえでハードルが上がる感覚はある。請求者側からすると深刻な課題だ。

この問題がクローズアップされたのが、陸上自衛隊の南スーダンPKO派遣部隊の日報問題だった。請求された文書の存在を特定していたにもかかわらず、恣意的な理由をこじつけて公文書から外し、「不存在」として開示しなかったことから「隠蔽」が問題視された。本来作成すべき文書を作成・取得したのか、検索して特定できるよう管理しているのか、また適切な保存期間を設定して保有しているのか――公文書管理の課題は情報公開と不可分だ。森田弁護士は「請求内容に合致する行政文書が複数ある場合はすべて特定して（開示・不開示）決定するべきでしょう。また一つの文書の一部だけではなく全体について決定すべきという考えは、判例も答申もすでに積み重なっている。それでも、まだこんなことをしている役所がある」と厳しい視線を向ける。

まったく同感だ。本書で繰り返し触れてきた通り、不都合な文書を隠し通すために、役所はありとあらゆる手立てを講じてくる。市民の監視の目が緩むと、一度は廃れたはずの手口さえもゾンビのように蘇ってくる。制度を改めるだけでは公文書の隠蔽を防ぐことはできない。市民ができること、そしてやるべきことは、情報公開請求、そして審査請求を通じて隠蔽にNOを突きつけ続けることしかない。不断の努力しかない。

おわりに

二〇二三年六月、災害救助法に基づき東京都と埼玉県で国家公務員住宅の空き部屋を「みなし仮設住宅」として無償提供されていた自主避難者ら一〇人が、提供を打ち切られて福島県から毎月二倍の家賃を請求されたのは違法として訴えた民事訴訟で、見覚えのある一〇〇枚近い公文書が東京地裁に証拠として提出された。これは私が提供したものではなく、裁判所の要求を受けて被告の福島県が提出したものだった。

この公文書は、福島県の内堀雅雄知事が二〇一五年六月に打ち切りを発表するまでに、福島県と国（厚労省、内閣府）の担当者間で行われてきた非公開協議の議事録だった。

（県）

自主避難者だけではなく、避難指示区域も含め避難者全体のバランスも考慮し検討していきたい。その場合、内閣府等国も一緒に考えてほしい。

（内閣府）

避難指示区域については、解除の時期と供与期間が関連するとして、避難指示区域外をどう考えるかだが、五年で終了できるかというと、なかなか難しいと思う。場合によっては経過措置を設けるという考え方もあるか。

二〇一四年五月八日に東京で行われた福島県避難者支援課と内閣府防災担当の担当者間のやり取りだ。当事者を「蚊帳の外」に置いたまま、打ち切り発表の一年以上も前から水面下の検討が進められていた。

この議事録を読んだ原告側代理人の柳原敏夫弁護士は「人間的な感情が見えない。この政策を動かす芯は何なのか……」とつぶやいた。避難者の住宅について話し合っているとは思えない冷酷なやり取りに言葉を失っていた。

国や福島県の担当者たちが政策を進める動機は、福島を出た自主避難者を苦しめたい〝意地悪〟や、福島の復興を進めるため自主避難者を戻そうという〝お節介〟といった強い意志ではない。強制避難者に住宅提供している根拠である避難指示の解除よりも先に自主避難者への提供を打ち切らなければ矛盾してしまう――そんな事態を避ける「辻褄合わせ」への義務感だ。時に「無謬性《むびゅう》」という難しい言葉で表現されるが、役所は非難されるような誤りをしない、というフィクションを守ることが動機の核心と言える。

今回裁判所に提出された議事録や配布資料の一部を、私は八年前に情報公開請求で入手していた。だが「公にすると不当に混乱を生じさせるおそれがある」として黒塗りされた範囲が広く、完全な形では読めていなかった。

辻褄合わせに腐心しているだけの協議の実態をわかってはいた。だが、まさかここまで冷酷なやり取りをしていたとは思わなかった。今回改めて黒塗りのない議事録を読んで私の中に後悔の念がわき上がってきた。

「あのときに審査請求をしておけばよかった。まだまだやるべきことがあった……」

さかのぼること約四カ月前の二〇二三年一月一三日、福島県が東京都内のみなし仮設を明け渡すよう自主避難者に求めた裁判の判決が福島地裁で言い渡された。建物の明け渡しに加えて、一人計百数十万円の支払いを自主避難者に命じるもので、福島県の完勝だった(その後、被告側は仙台高裁に控訴)。

この裁判でも自主避難者の代理人を務めていた柳原弁護士は、自主避難者を原発事故によって避難を余儀なくされた「国内避難民」と位置づけ、国際人権規約(社会権規約)に基づき適切な住居を保障される権利があり強制退去は許されない、との主張を展開した。自主避難者への無償提供、ひいては原発避難の継続を保障する法制度がないため引っ張り出した苦肉の策と言わざるを得ない。

法制度に守られていない自主避難者の立場は弱い。国が事故後になって避難指示の線量基準を年間二〇ミリシーベルトに引き上げたため、〝正式な避難者〟とは認められず、東電から支払われた賠償は一人わずか八万円（二〇一二年に二〇万円に増額）。それだけではない。「福島を捨てた我儘《わがまま》な人」「風評加害者」などと誹謗中傷を浴びせられ、自主避難者であることを隠してひっそりと暮らすしかなかった。そんな彼らにとって、「みなし仮設」は自らを避難者と認める唯一の証だった。だが、それも一方的に奪われた。

二〇一七年三月末に無償提供が打ち切られた後には、さらに屈辱的な扱いが待っていた。二年間限定で家賃の一部補助を受けられる「セーフティネット契約」を拒否すると、福島県からカビやホコリまみれの古い建物を紹介された。「被曝は嫌だ、受け入れる理由はない」と主張しているだけなのに、なぜ聞き入れられずに「福島復興を妨げる悪者」、「過剰に怖がる頭のおかしい人」のように扱われるのか、まったく納得できない。

裁判所も冷淡だった。福島地裁は「（国際人権規約は）締約国において、権利の実現に向けた措置をとるべき政治的責任を負うことを明言したもので、個人に対して具体的権利を付与すべきことを定めたものではない」と柳原弁護士の主張を一蹴。被曝を受け入れない権利、原発避難の特性にも触れなかった。門前払いの判決だった。

しばらくして柳原弁護士から私にSOSがあった。仙台高裁での控訴審、そして東京地裁での裁判に向けて主張の立て直しを図っていた。柳原弁護士の手には付箋がびっしりと貼られた拙著『原発棄民――フクシマ5年後の真実』(毎日新聞出版、二〇一六年)があった。「原発避難の住宅政策の決定プロセスを裁判所に示し、いかに根拠のない政策かを主張したい。協力してください」

私の胸中にはこのときすでに後悔の念が生じていた。この『原発棄民』を書き終えた後、私は避難者の住宅問題の取材から手を引いた。本を出したことで自分の役割は果たした、もう自分にできることはないと思い込んでいた。だが、それは間違っていた。必要としている人々に届いてはいなかった。

役所はいつもこそこそと検討し、市民を欺き、聞く耳を持たずに押し付ける。それは政策の中に潜む矛盾や誤りを自覚しているからに他ならない。市民がそんな政策にNOを突きつけるためには、何が誤っているのか、どこにウソがあるのか役人たちを論破できるほど知識を積み上げなければならない。そのために必要な情報は公文書の中にしかない。意思決定過程を記録した公文書を市民が自らの手で根こそぎ拾わなければならない。

公文書道を必要としてくれる人がいる。公文書道を伝えなければいけない――改めてそう心に誓った。

参考文献

朝日新聞加計学園問題取材班『解剖 加計学園問題――〈政〉の変質を問う』（岩波書店、二〇一八年）
宇賀克也『新・情報公開法の逐条解説――行政機関情報公開法・独立行政法人等情報公開法［第8版］』（有斐閣、二〇一八年）
榎澤幸広・清末愛砂編集代表『公文書は誰のものか？――公文書管理について考えるための入門書』（現代人文社、二〇一九年）
大阪弁護士会裁判員制度実施大阪本部編『コンメンタール 公判前整理手続き［補訂版］』（現代人文社、二〇〇五年）
木村真三『「放射能汚染地図」の今』（講談社、二〇一四年）
日下部聡『武器としての情報公開――権力の「手の内」を見抜く』（ちくま新書、二〇一八年）
久保亨・瀬畑源『国家と秘密――隠される公文書』（集英社新書、二〇一四年）
新藤宗幸『官僚制と公文書――改竄、捏造、忖度の背景』（ちくま新書、二〇一九年）
瀬畑源『公文書問題――日本の「闇」の核心』（集英社新書、二〇一八年）
瀬畑源『国家と記録――政府はなぜ公文書を隠すのか？』（集英社新書、二〇一九年）
第二東京弁護士会編『知りたい 情報類型別 情報公開・開示マニュアル』（ぎょうせい、二〇〇八年）

チューリップテレビ取材班『富山市議はなぜ14人も辞めたのか――政務活動費の闇を追う』(岩波書店、二〇一七年)
日本弁護士連合会行政訴訟センター編『行政不服審査法の実務と書式［第2版］』(民事法研究会、二〇二〇年)
日野行介『福島原発事故　県民健康管理調査の闇』(岩波新書、二〇一三年)
日野行介『福島原発事故　被災者支援政策の欺瞞』(岩波新書、二〇一四年)
日野行介『原発棄民――フクシマ5年後の真実』(毎日新聞出版、二〇一六年)
日野行介『除染と国家――21世紀最悪の公共事業』(集英社新書、二〇一八年)
日野行介『調査報道記者――国策の闇を暴く仕事』(明石書店、二〇二二年)
日野行介『原発再稼働――葬られた過酷事故の教訓』(集英社新書、二〇二二年)
日野行介・尾松亮『フクシマ6年後　消されゆく被害――歪められたチェルノブイリ・データ』(人文書院、二〇一七年)
布施祐仁・三浦英之『日報隠蔽――自衛隊が最も「戦場」に近づいた日』(集英社文庫、二〇二〇年)
松岡資明『公文書問題と日本の病理』(平凡社新書、二〇一八年)
松村享『改訂版　自治体職員のための情報公開事務ハンドブック』(第一法規、二〇二一年)
森田朗『会議の政治学』(慈学社出版、二〇〇六年)
森田明『論点解説　情報公開・個人情報保護審査会答申例』(日本評論社、二〇一六年)
矢野輝雄『ひとりでできる行政監視マニュアル』(緑風出版、二〇〇五年)
吉岡斉『原子力の社会史――その日本的展開』(朝日選書、一九九九年)

あとがき

　この本は私にとって八冊目の著書（共著を含む）になる。これまでの本は基本的に、自分が調査報道によって暴いた事実をもとに、原発行政の政策テーマごと本にまとめるというスタイルだったが、この本は私が「公文書道」と名付けた、調査報道の基礎技術とも言える情報公開請求や公文書分析の方法論を一般市民向けに伝えるのが主眼だ。追い続けている原発行政を「縦糸」とするなら、報道するための知見や技術は「横糸」という位置づけになろう。

　調査報道記者が自らの方法論を開陳することは、「どうだ俺の技術は凄いだろう」という自慢にしか受けとられないか、逆にマジックの種明かしのように「意外に大したことはしていないんだな」と失望されるおそれもある。さらには役所に防御法、対策を教えてしまう危険性まである。そもそも「こういう本を書いてほしい」と誰かに頼まれたこともない。出版しても「この本のおかげで救われました！」と感謝されることも（おそらく）ないだろう。

そんなデメリットばかりが思い浮かぶのに、この本を書き残さなければならないと考えた理由は二つある。一つは健全な民主社会を支える情報公開と公文書管理の両制度に対する私なりの使命感だ。両制度を国民・住民が使い倒さなければ課題や欠点は可視化できず、機能を守っていくことさえかなわない。情報公開請求がきっかけとなった一連の公文書スキャンダルがこの真理を証明している。だが、公文書管理ガイドラインが改定されて騒ぎが収まると、役所は相も変わらず脱法的な〝公文書隠し〟を続けている。無責任な役人たちが悪いのは言うまでもないが、実際に情報公開請求や不服申し立て（審査請求）が少なければ、役人たちが軽く考えてしまうのも無理はない。権利の上に眠る者はいずれ権利を失う。権利は使い続けなければ守ることができない。使命感を持って行動する同志を一人でも多く増やしたい。

もう一つは、公文書道を使った事実の探求という「闘い方」の提案だ。ありがたいことに原発行政について話をする機会を数多く頂いてきた。呼んでくれるのは、反原発の市民団体や訴訟の原告団、あるいは原発避難者、支援団体が多い。勉強熱心で真摯な姿勢に感心させられる一方、時に意識の〝ズレ〟に気づいて苦しくなることがある。

反原発のような社会運動を進める人々は「再稼働阻止」「被災者救済」といった大義を

旗頭に掲げ、運動への支持拡大（裏返すと政策への反対）を図る。この大義は目標と言い換えることができ、その実現には多くの支持が必要になるのだから、そうした進め方を否定するつもりはない。だが、旗頭があまりに観念的、抽象的となり、支持拡大を図る運動そのものが目的になると、役所の意図や政策の中身に対する分析、ひいては事実の探求がおろそかになる危険性がある。「事実を探求したところで目標実現の力にはならない」と反発する人もいるかもしれない。だが、私はそうは思わない。事実の探求なしではたとえ正論であっても力を持たない。

ウソと隠蔽、押し付けで一方的に進む原発行政は、東京電力福島第一原発事故後も改まるどころか、原発の再稼働に加えて新増設、使用済み核燃料の中間貯蔵施設に高レベル放射性廃棄物最終処分場（いずれも実現性は疑問だが）、「処理水」と名付けた放射能汚染水の海洋放出……と暴走のスピードは上がるばかりだ。暴走は原発行政の中だけにとどまらない。特定秘密保護法に平和安全法制、東京五輪に大阪・関西万博、インボイス制度にマイナンバーカードと、民意に沿わない胡散臭い政策が次々と進んでいく。原発事故は日本の民主社会が壊れていった転換点になりつつある。

まるで「幼稚園のサッカー」のようにグラウンドのあちこちに飛ぶボールに群がるような闘い方は為政者の思うつぼだ。役所が次々と繰り出す「目くらまし」に惑わされることなく、一つひとつの政策について腰を据えて深く掘り下げる事実の探求こそが必要なのだ。そのための唯一の正攻法である情報公開請求は役所に大きなプレッシャーを与える。事実の探求も大事な闘い方だとわかってほしい。

私事で恐縮だが、年老いた母が一〇年以上にわたり甲状腺がんで闘病している。摘出手術に放射線照射と過酷な治療を繰り返してきたが、頭部への転移を防ぐことができず、二〇二三年に入ってからはほとんど外出もできず、家事もままならず、実家のリビングに置いたリクライニングソファーの上で一日のほとんどを過ごしている。「あなたの生き方は良いと思っているわよ」と言って、会社組織を離れて歩み始めた私を一貫して応援してくれている。この本を届けることで少しでも元気づけられたらと願っている。

最後に、私の無理な提案を受け入れてくれた筑摩書房の松田健編集長、そして独り善がりに走りがちな私を嗜め、的確な助言をくれた編集の加藤峻さんに感謝を申し上げたい。

二〇二三年九月

日野行介

ちくま新書
1761

情報公開《じょうほうこうかい》が社会を変える
——調査報道記者《ちょうさほうどうきしゃ》の公文書道《こうぶんしょどう》

二〇二三年一一月一〇日　第一刷発行

著　者　日野行介（ひの・こうすけ）

発行者　喜入冬子
発行所　株式会社　筑摩書房
東京都台東区蔵前二-五-三　郵便番号一一一-八七五五
電話番号〇三-五六八七-二六〇一（代表）
装幀者　間村俊一
印刷・製本　株式会社　精興社

ISBN978-4-480-07591-8 C0231

ちくま新書

1366
武器としての情報公開
——権力の「手の内」を見抜く
日下部聡
石原都知事（当時）の乱費や安保法制での憲法解釈の変更など公的な問題に情報公開制度を使って肉薄した毎日新聞記者が、その舞台裏を描き、制度の使い方を説く！

1414
武器としての世論調査
——社会をとらえ、未来を変える
三春充希
内閣支持率は西高東低。野党支持は若年層で伸び悩み。世論調査を精緻に見ていけば、この社会の全体像が見えてくる。仕組みの理解から選挙への応用まで！

1741
報道弾圧
——言論の自由に命を賭けた記者たち
東京新聞外報部
新型コロナ発生を指摘して拘束、軍事機密をスクープしたら国家反逆罪で逮捕、政権批判で暗殺、スパイ容疑で死刑。むき出しの報道弾圧と戦う記者たちを描く。

1407
官僚制と公文書
——改竄、捏造、忖度の背景
新藤宗幸
眼を覆いたくなるほど凄まじい官僚の劣化。組織構造、意思決定、情報公開法や公文書管理法など、官僚統制のシステムを問いなおし、〝政権主導〟の暴走をえぐる。

1575
コロナ対策禍の国と自治体
——災害行政の迷走と閉塞
金井利之
なぜコロナウイルス対策で、国対自治体の構図に象徴される非難応酬が起きるのか。民衆にとって行政のコロナ対策自体が災禍となっている苛政の現状を分析する。

1554
原発事故　自治体からの証言
今井照編
自治総研編
福島第一原発事故発生、避難、そして復興——原発災害の過酷な状況下の自治体の対応を、当時の大熊町と浪江町の副町長の証言により再現する貴重なドキュメント。

1288
これからの日本、これからの教育
前川喜平
寺脇研
二人の元文部官僚が「加計学園」問題を再検証し、生涯学習やゆとり教育、高校無償化、夜間中学など一連の改革をめぐってとことん語り合う、希望の書！

ちくま新書

1496 ルポ 技能実習生　澤田晃宏
どのように日本へやってきたか。なぜ失踪者が出るのか。働く彼らの夢や目標と帰国後の生活とは。国際的な人材獲得合戦を取材して、見えてきた労働市場の真実。

1521 ルポ 入管 ——絶望の外国人収容施設　平野雄吾
「お前らを日本から追い出すために入管（ここ）があるんだ」。密室で繰り広げられる暴行、監禁、医療放置——。巨大化する国家組織の知られざる実態。

1691 ルポ 特殊詐欺　田崎基
強盗まがいの凶行で数百万円騙し取る。「家族を殺すぞ」と脅され犯行から抜け出せない。少年から高齢者まで全世代が警戒すべき、今最も身近で凶悪な犯罪のリアル。

1698 ルポ 脱法マルチ　小鍜治孝志
「近くでいい居酒屋知らない？」。ついていったらマルチだった。毎日新聞の記者が、謎の「事業家集団」の実態に迫るルポルタージュ。

1708 ルポ 大学崩壊　田中圭太郎
教職員に罵声を浴びせて退職強要。寮に住む学生45人を提訴。突然の総長解任。パワハラ捏造。全国の大学で起きた信じ難い事件を取材し、大学崩壊の背景を探る。

1138 ルポ 過労社会 ——八時間労働は岩盤規制か　中澤誠
長時間労働が横行しているのに、さらなる規制緩和は必要なのか？　雇用社会の死角をリポートし、「働きすぎの日本人」の実態を問う。佐々木俊尚氏、今野晴貴氏推薦。

1701 ルポ 副反応疑い死 ——ワクチン政策と薬害を問いなおす　山岡淳一郎
新型コロナワクチン接種後の死亡者は1900人に迫る。補償救済制度が存在するも驚くほど因果関係が認められない。遺族、解剖医、厚労省等に取材し真実に迫る。

ちくま新書

1029
ルポ 虐待
——大阪二児置き去り死事件
杉山春
なぜ二人の幼児は餓死しなければならなかったのか？　現代の奈落に落ちた母子の人生を追い、女性の貧困を問うルポルタージュ。信田さよ子氏、國分功一郎氏推薦。

1120
ルポ 居所不明児童
——消えた子どもたち
石川結貴
貧困、虐待、家庭崩壊などが原因で、少なくはない子どもたちの所在が不明になっている。この国で社会問題化しつつある「消えた子ども」を追う驚愕のレポート。

1125
ルポ 母子家庭
小林美希
夫からの度重なるDV、進展しない離婚調停、親子のギリギリの生活……。社会の矛盾が母と子を追い込んでいく。彼女たちの厳しい現実と生きる希望に迫る。

1233
ルポ 児童相談所
——一時保護所から考える子ども支援
慎泰俊
自ら住み込み、100人以上の関係者に取材し「一時保護所」の現状を浮かび上がらせ、課題解決策を探る。若き社会起業家による、社会的養護の未来への提言。

1362
沖縄報道
——日本のジャーナリズムの現在
山田健太
オスプレイは「不時着（読売・産経）」したのか「墜落（沖縄紙）」したのか——。沖縄をめぐる報道から、偏向、分断、ヘイトが生まれる構造を解き明かす。

1231
科学報道の真相
——ジャーナリズムとマスメディア共同体
瀬川至朗
なぜ科学ジャーナリズムで失敗が起こり、読者の不信感を引き起こすのか？　原発事故・STAP細胞・地球温暖化など歴史的事例から、問題発生の構造を徹底検証。

1668
国際報道を問いなおす
——ウクライナ戦争とメディアの使命
杉田弘毅
メディアはウクライナ戦争の非情な現実とその背景を伝え切れたか。日本の国際報道が抱えるジレンマを指摘し、激変する世界において果たすべき役割を考える。